城市：最初的6000年

Cities: The First 6000 Years

[美] 莫妮卡·史密斯（Monica L. Smith） 著

郝鹏程　刘源洁　译

中国科学技术出版社

·北　京·

Cities: The First 6000 Years by Monica L. Smith.
本书由北京东西时代数字科技有限公司提供中文简体字版授权。
北京市版权局著作权合同登记　图字：01-2023-1167。

图书在版编目（CIP）数据

城市：最初的6000年 /（美）莫妮卡·史密斯（Monica L. Smith）著；郝鹏程，刘源洁译 . —北京：中国科学技术出版社，2023.8（2023.12重印）
书名原文：Cities: The First 6000 Years
ISBN 978-7-5236-0120-4

Ⅰ. ①城… Ⅱ. ①莫… ②郝… ③刘… Ⅲ. ①城市史—研究 Ⅳ. ① C912.81

中国国家版本馆CIP数据核字（2023）第105508号

策划编辑	刘　畅　宋竹青
特约编辑	刘小乔　赵　乐
责任编辑	刘　畅
版式设计	蚂蚁设计
封面设计	今亮新声
责任校对	张晓莉
责任印制	李晓霖

出　　版	中国科学技术出版社
发　　行	中国科学技术出版社有限公司发行部
地　　址	北京市海淀区中关村南大街16号
邮　　编	100081
发行电话	010-62173865
传　　真	010-62173081
网　　址	http://www.cspbooks.com.cn

开　　本	880mm×1230mm　1/32
字　　数	159千字
印　　张	8.75
版　　次	2023年8月第1版
印　　次	2023年12月第2次印刷
印　　刷	河北鹏润印刷有限公司
书　　号	ISBN 978-7-5236-0120-4/C·240
定　　价	69.00元

目录

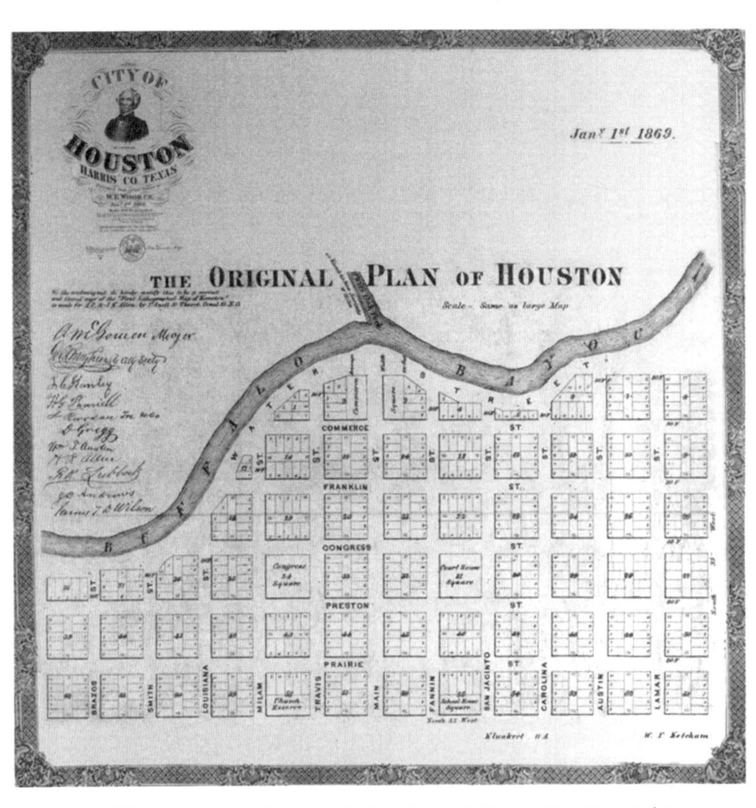

休斯敦市（Houston）最初的城市规划图，公元 1863 年

第一章　为什么会有城市

我是一名考古学家。在罗马，我最喜欢的地方不是斗兽场或城市广场，而是古罗马帝国最大的垃圾山——泰斯塔修山（又称陶片山）[①]。这个巨大的碎陶器堆坐落于市中心，是古罗马人把地中海周围用来运送葡萄酒和橄榄油的容器扔到这里形成的。这些容器差不多都有半个人高，由黏土制成。黏土陶器非常粗糙，就连装卸容器的人也经常擦伤双手。容器的形状也略显怪异，有两个把手和一个尖尖的底座，因此它们只适合装在船上或插进沙子里，不适合放在平地上。满载货物的容器随船抵达罗马中心繁华的台伯河河岸之后，只有很少一部分会被重新使用，更少的会被回收。大多数情况下，人们会倒出容器里盛的东西，然后将容器扔掉。几个世纪以来，丢弃物逐渐堆积，成为罗马著名的泰斯塔修山。很明显，泰斯塔修山实际上

---

① 泰斯塔修山（Monte Testaccio）曾是古代最大的由废弃物堆积而成的山之一，占地 2 万平方米，直径将近 1 千米，高 35 米。现为一处人造山，山上生长有植物，但是到处可见陶器残片，最久远的可以上溯到罗马帝国时代。——译者注

并不是真的山，而是一座人类建筑——垃圾场。今天，泰斯塔修山已被重建，以附近的潮流夜店而闻名；但在山坡植被的掩盖之中，仍存在着 2500 万件古罗马容器。

现在，让我们离开罗马，前往一个风格迥异的大都市。如果有人问我："你最喜欢东京的哪个地方？"我的答案一定是：筑地（Tsukiji）鱼市场的后面，一个游客罕至之地。筑地鱼市场规模巨大，通道里挤满了各种塑料桶，里面盛着各种各样的海洋生物，超乎你的想象。螃蟹试图从篮子里爬出来，小鱼堆积在冰桶里，体型大一点的金枪鱼则在弧光灯下闪闪发光。市场向所有人开放，你可以看到厨师、餐馆老板与家庭主妇在这里争先恐后、挤来挤去，只为弄清楚当天的捕获情况。这里的人没有时间闲聊。人群时不时会被运输货物的叉车冲散。叉车快速往返于建筑物之间：送进去的是货物，运出来的就是垃圾了。市场的后面有一大堆塑料泡沫箱，用于运输全球采购的金枪鱼、鱿鱼和虾。这些海鲜都是每天早上在拍卖中拍下来的。这些箱子堆得有两层楼那么高，很大、很占地方，所以需要不断用推土机将其清理干净。在这个过程中，有些泡沫箱被碾碎，形成的碎片就会随之进入通道。推土机无休止地工作，店家和雇员们则在箱子碎片的一片狼藉中"寻宝"。所谓"寻宝"，其实就是寻找那些还算完整的箱子，将它们带回去重新利用，盛装鱼虾或者其他货物。

古罗马和现代东京确实是完全不同的两种风格，但如果退后一步，以“城市”本身的角度来观察，你会发现，它们还是具有一些相同特征的。这些相同特征包括市场和垃圾，也包括多层建筑、长街、下水道、水管、公共广场，以及金融机构和政府所在的市中心区域。城市内有数千种声音和气味，有专属于城市的天气、光照和天际线。城市内有许多人，包括富人、穷人、年轻人、老人、女性、男性、同性恋、异性恋、跨性别者、健康人、残疾人、职员、学生、失业者、居民和游客。生产和消费的机会在城市中得到扩大，社会商品总量极为丰富，人均商品量也明显增加。不过，城市住宅往往比农村住宅小得多。城市人拥有丰富的商品却只能“蜗居”，对比之下别有一番讽刺意味。在商品丰富的情况下，人类必须让商品更快地循环流动，将所有东西变成垃圾。

最能体现城市活动的，恰恰是丢垃圾这种行为：如2000年前破碎的罗马陶器，再如东京筑地鱼市场早晨的塑料碎片。一旦开始注意自己所在城市的垃圾，你就会发现它们无处不在：在带有“市中心商业区”标志的垃圾桶里，在建筑物翻新工地外面的废料箱里，在阻碍你通勤的垃圾车里，在街道和地铁保洁人员的簸箕和推车里……垃圾的生产是有节奏的，集中在不同的地点和时间段。假期到来时、游行集会之日、节日来临之际、夏日周末之间，垃圾箱总会被填满。无论以直接还是间接的方式，城市对于垃圾的依赖无处不在；一旦开始注意，你很可能就再也没法把目光移开了。如果你的确像我说的这样，那么恭喜！现在你差不多是一名考古学家了。

将目光向上或转向两侧，你可能会注意到，除了垃圾，还有别的东西也在无声地讲述着城市生活的故事。你所在的大都市，即使它是新建的，也一定会有许多揭示历史的痕迹。也许是人行道上的一个螺栓孔；也许是埋入街道沥青中的废弃铁路轨道；也许是一座已经翻新过一两次，既有现代玻璃窗又有维多利亚式立面的建筑；也许是一个拥有鲜花和彩绘的现代主义混凝土大楼；也许是街道上新建的沟渠，但从截断面上你可以分辨出不同历史时期的路面一层层叠加在一起……建筑物、街道和公园是历史的“活地图”。千年之前的遗迹、祖父母时代的建筑和上周刚建的东西，不同时代的物品会同时出现在这些地方。

拥有了考古学视角之后，你可以用它来观察现代都市，也可以用它来探索分布在各个大陆上数以百计的古老城市——既有罗马这样著名的城市，也有蒂卡尔[①]、布拉克（Tell Brak）

① 蒂卡尔（Tikal，古时称为 Yax Mutal）是前哥伦布时期玛雅文明中最大的遗弃都市之一。它坐落于危地马拉佩腾省的雨林中（北纬 17°13′19″，西经 89°37′22″），于 1979 年成为世界遗产。蒂卡尔的历史可追溯至公元前 4 世纪，在公元 200 年到公元 850 年间达到顶峰。——译者注

和西安这些略少人知但拥有浪漫名字的城市。目光越过废墟，我们在考古挖掘时发现的东西与自己在城市中体验到的一致：邻里、街道、开放广场、宏伟建筑、高档住宅，还有各行各业的人们购买食物和燃料的市场。走过庞贝（Pompeii）古城的街道时，我们会明白：不管是下水道里的碎石、楼房之间的狭窄通道、食品摊位还是古代涂鸦墙，周围的一切事物都有其特定的意义。虽然人们普遍认为古城容易倒塌，但细数那些世界上最古老的城市，它们绝大多数仍然矗立于当今的大都市区：不仅是罗马和西安，还有伦敦、巴黎、广州、墨西哥城（Mexico City）、东京、巴格达（Baghdad）、库斯科（Cuzco）、开罗（Cairo）、雅典（Athens）、德里（Delhi）、伊斯坦布尔（Istanbul）……这些城市与其他城市相互连接，成为一种主导性的全球现象。今天，世界上超过 50% 的人生活在城市，而且这个比例还将迅速增大。据预测，到 2030 年，超过 50% 的非洲人、60% 的中国人、87% 的美国人和 92% 的英国人都将居住在城市中。

在布局和建筑方面，古代城市看起来与现代城市很像，似乎它们一直存在，从未消逝。现代城市的扩张和繁荣也表明，人类可以在城市中繁衍兴盛。但是，城市实际上不是自然产生的，人类本也无需为了生存或殖民而发展城市。100 万年来，我们的祖先一直散居着，住在邻里相知的小村镇里。6000

年前，在城市出现之前，我们的祖先已经很好地利用了所有宜居的地方，甚至还开发了许多不宜居的地方。他们建立了道路系统在陆地上穿行，发明了木筏和船只来穿越水域。他们离开洞穴和其他自然的避难所，搬进用石头、竹子或砖头建造的小屋。他们发展出了复杂的语言、艺术、音乐和舞蹈来消磨时间，通过装饰品、文身和发型等方式来彰显身份。他们已经对死者怀有崇敬之情，为死者分配了用于辨认身份的编码和陪葬物品。当然，活着的人更不缺东西了，因为人们已经发明了几乎所有的生活必需品。人们有衣服可以保暖，有犁可以耕作，有陶器和篮子可以存放食物，有石刀和青铜武器可以切割食物或抵御敌人。人们开始种植作物，这样就可以稳定地获取啤酒和面包；学会了驯化动物，这样就可以稳定地获取牛奶和羊毛，还可以把动物作为交通工具，或者当作宠物来获得陪伴。总之，我们拥有了小农经济下生活所需的一切，这种生活足以使人口迅速增长，建立一个又一个小村庄，直到覆盖整个地球。

显然，对于我们的祖先来说，这种简单明了的乡村生活是不够的。尽管拥有了生存所需的一切，但人们仍然想要许多他们无法在农村得到的、无形的东西：群居的热闹，新发明和新食品带来的兴奋感，以及邂逅来自远方的伴侣时的意乱情迷。在城市出现之前，这种体验只能在人们一辈子一次或两次的朝圣之旅中遇到；拜访巨石阵这种远方的仪式场所，或许是大部分人逃离乡村生活的唯一机会。在那里，来自不同地区的人可以聚在一起庆祝节日或纪念神祇。这些地方往往拥有一些独特的地貌，吸引人们来此修建特殊的仪式建筑，让它成为集体关注的焦点和集体行动的证明。

为了一个共同的目标，仪式场所把人们聚集在一起，使人们能够发展沟通和互动的技能，以便与更多的陌生人打交道。然而，像巨石阵这样的地方，无论多么吸引人都只是暂时的，因为人们只能进行为期几天的盛宴和膜拜，不会长期待在那里。只有城市才能使这种互动机会永久化，实现更广泛的社会、经济、政治等目的，远超出仪式空间的范畴。灯火通明的大城市拥有着各种活动和诱惑，而这些东西我们至今仍在现代城市中继续体验着。城市是人类创造力的家园，这不仅表现在文化、时尚和美术上，还表现在服装、装饰品、家居用品、食品和发型等细节上。通过购买时兴的商品，城市中的人们获得了新的群体意识和自我意识；即使不能经常购买新商品，城市居民也可以免费、间接地体验都市生活，足以就时尚话题与其他人谈笑风生。

在城市出现之前，大家都生活在单调的乡村景观中，各个家庭同质化严重，主要由缺乏种族和社会多样性经历的农牧民组成。每栋房子也差异甚微，只有酋长或祭司的房子会稍微大一点儿或者有些特殊物品，让他们能够履行领导和治疗职能。祭司们需要保持神秘，因此别人不能触摸、观看、了解他们的特殊物品。除此之外，其他人每天做着同样的工作，制作同样的食物和物品。这些物品坚固而朴素，以确保其风格和装饰能够经受住时间的考验。同样，社交互动也是固定和简单的。年轻时，人们可能偶尔去参加一个远方的婚礼，或进行生命中唯一的一次朝圣之旅，并为之感到快乐。然而，他们的大部分日子还是在邻里相知的氛围中度过的。人们在世界各地建造了简单的农业定居点，在这些地方，社区内外几乎没有流动。他们的一生都在同一群人的陪伴下度过，几乎周围每个人都是亲戚，只有在有人结婚的时候，或者流动小贩带着商品来售卖的时候，才会看见新面孔。熟悉是衡量人际关系的“常数”，对待陌生人则需充满谨慎和怀疑。

罗马、西安和其他所有古老的大都市代表着人类与环境关系的巨大变化，也代表着人类彼此间关系的巨大变化。在城市居住区，“不熟悉”反而成了衡量人际关系的标准。第一批出现的城市比最大的家庭式村落还要大，从第一天起，搬到这儿定居的人们就不得不抑制自己对其他人的怀疑。人们必须适应挤满了陌生人的社区，必须与新面孔谈论宗教仪式和政治关系，必须接受与不同文化、语言和习俗的人互动时产生的不和谐。与陌生人的相遇不再局限于偶尔的婚礼，而是成为日常生活中反复出现的一部分。当新机会出现时，人们来来往往，有人进入城市，也有人离开。在工作、玩耍和购物时，城市居民必须不断更新他们的人际关系。

城市社会生活和移民带来的进取精神一起构成了一个反馈循环，吸引了越来越多希望改善自己境遇的人。在城市出现之前，社会上并没有所谓的“中产阶级”，也就是那些收入足够维持基本生活，并可以在住房、商品和教育方面进行一些投资的人。在城市出现之前，人类也没有所谓的“基础设施”，包括连接大批人群所必需的管道、高速公路和排水沟。在城市出现之前，人类甚至没有外卖食品！中产阶级、商品、交通网络、管道网络、垃圾……这些东西都是在城市诞生时被发明的。这就好像所有人的集体意识中与生俱来的一种能力，只是一直以来被压抑了，一有机会便瞬间爆发。

当科学家想要了解一个现象时，他们必须首先对其进行定义。天文学家会问自己“什么是星球”，只有弄明白了这个基本问题，他们接下来才能进行星体分类，才能继续研究月球、流星、黑洞等更多问题。他们无法亲眼观看宇宙大爆炸或行星诞生，只能从现在可以观察到的天体中来推断、理解宇宙的运行原理。生物学家评估物种在空间和时间上的彼此关系之前，会仔细审视每一个物种的定义，并仔细研究他们所看到的变异性状，从化石和碎片骨架中推断出已灭绝物种的进化速度和影响。化学家要搞清楚“什么是原子”，然后才能研究原子聚合的不同方式，进而创造塑料和气凝胶这样的新物质，或者研究分解原子的方法以制造爆炸反应。

同样，因为城市对现代社会意义重大，所以对其进行考古学定义具有特殊的分量和意义。只有在对城市下定义之后，我们才能鉴别哪些地方属于历史上的第一批城市，或者对历史上涌现出的众多城市进行分析比较。但在定义古代城市之前，我们可能会对定义现代城市更感兴趣。其实，现代城市的定义可能会与一般人所预想的大相径庭。今天，在古巴（Cuba），将一个地方定义为城市的最低人数标准为 2000 人；在美国俄亥俄州，城市被定义为有 5000 名或更多登记选民的地方；在塞内加尔（Senegal），获得城市地位所需的最低居民人数为 1 万人。这些国家采用不同的数据标准来定义城市，都有自己的道理：因为城市是一个区域最重要的部分，因此被判定为城市的地方可以获得某些类型的政府资助和支持。

一般而言，人们都是根据统计数字来武断地定义城市；如果不同意这种定义方法，我们就需要思考：如何才能对过去和现在的城市作出统一的定义？我们是否应该回到定性研究？有一种有趣的说法跟这个问题很像：没有人能准确地定义什么是色情作品，但是当你看到它时心里一定明白。通过一些小事，我们可以发掘一种实用的方法，开始“定义城市之旅”。

我们生活在现代社会，可能会认为“真正的”城市是一个拥有苹果商店或梅赛德斯奔驰经销商的地方。这并不是因为农村人买不起最新的智能手机或高档汽车，而是因为只有城市才拥有足够多的潜在消费者，在这里开店才能赚到钱。这就是“规模经济”的力量。除了提供实际的消费者，城市消费还有其他方式来反映规模经济。商家愿意把店开在城市，还因为城市里顾客多、有利于打造品牌。比如，在城市里，会有人专门来店里体验一下几款最火的产品，也有人已经完全把这个商店当成了整个社区的一个标志。实体店只是冰山一角，它向消费者传达了这样一个信息：这个人口稠密的空间有着多元化、充满活力的经济基础。

要定义城市，就不能只关注经济机会。定义的其他方面可能会侧重定性部分，如城市需要有政府机关或重要的行政服务。在强调这些行政功能时，研究人员也不能忽略“相对人口密度”的框架，要避免孤立的分析，否则将为后续的分析比较工作带来巨大困难。因此，人类学家理查德·福克斯（Richard Fox）建议将城市定义为“人口集中并且（或者）能够聚集声望的场所”；社会理论家 V. 戈登·蔡尔德（V. Gordon Childe）则认为，城市必须拥有“巨大的公共建筑”，比任何村庄的公共建筑都要大 10 倍。

用“城市有什么”来定义“城市是什么”，这样我们就可以通过考古记录来回答这一问题，即“人类为什么要建造城市”。然而，每次给什么东西下定义的时候，我们的认知总会与现实情况存在一些误差，因此这个定义很难在每时每刻都保持完全精确。我们可以回到与其他学科的类比上来。关于冥王星到底算不算是一颗行星，在天文学界曾一直存在争论，就连一些小学生都经常和爷爷奶奶讨论“冥王星到底算不算太阳系第九大行星”。但人们之所以挑战原有的定义，既不是因为定义事物的概念有错，也不是因为科学家缺乏定义事物的能力。事实上，定义的不确定性恰恰是真理最有趣的地方。回到城市这个话题，我们知道，曾经有一段时间城市根本不存在。想要理解城市的独特之处，关键就在于定义这个问题：在后来的时间内，到底是哪些因素让这些地方变得不同，变得“像城市”了？

就本书而言，城市被定义为具有以下部分或全部特征的地方：人口稠密、多民族、经济多样性（商品的丰富程度远超出周边乡村）。一个城市通常拥有寺庙或教堂等仪式性建筑，除了这些宗教建筑还有其他大型建筑。为了满足多功能经济和高居住密度的需求，城市一般都少不了高层建筑，它们可以是住宅、法院、政府办公室和学校等。城市要有正式的娱乐场所，例如体育场、剧院、赛马场和歌剧院。多功能广场也是必不可少的，在特定日子里，它可能会变成集市，平常则是市民散步和休闲的场所。城市必须修建宽阔的大路和干道以供富人和特权阶级出行，与普通街区的蜿蜒小道形成鲜明对比。最重要的是，在城市中，人们对于水和食物的基本需求是相互依存的。在乡村，人们总是知道下一餐来自哪里，因为他们牢牢控制着田地和家畜。在城市，市民可没有办法在家里储存一年的粮食或者养一群动物。

不管从哪个方面来说，最早的城市都代表了一种完全不同的人类经验尺度。当然，并不是所有的东西都是积极的。拥挤、污染、噪声、犯罪、缺水、污水、街道脏乱、生活成本高，这些都是6000年前第一批城市居民所面临的不利因素，并一直延续到现在。在城市，一切都是此消彼长的：传染病发生的可能性更大，但也有更多的医生来治病；食品的价格更高，但可供选择的食品和餐馆也更多；工作更具挑战性，但工资更高、晋升机会也更多。如同现在一样，人们通过获取更多信息来减轻挑战、降低风险；这样，人们即使不能完全控制自己周围的环境，至少也不会有太多无力感。结果就是，一个城市，无论它最初多小，或最后变得多大，都会让居民感觉到这一点：在日常生活的许多方面，我们有充分的自我选择权，有足够多的可能性。

就我而言，正是因为自己有幸在洛杉矶和另外几个大都市生活过，感受过无数的兴奋和烦恼，所以才那么想要了解早期城市的起源。此外，作为一名考古学家，我也有幸参观了许多壮观的古城遗址。墨西哥的特奥蒂华坎（Teotihuacan）古城掩映在乡村风景中；在雅典、东京和伦敦，城市遗址则深埋在现代大都市之下。无论如何，它们都充满了智慧和浪漫。不过，我一直没法充分理解自己对于城市的感受，直到从一个小镇搬到了繁华的曼哈顿。在此之前，我一直认为城市的存在理所当然；后来，我发现自己再次生活在了城市之中，不禁开始留意城市间的共同特征：既横向比较全球各地的城市，也纵向比较不同历史阶段的城市。从那时起，我一直行走于多个国家之间，包括印度和孟加拉国（Bangladesh）、英国和突尼斯（Tunisia）、埃及（Egypt）和土耳其（Turkey）、马达加斯加（Madagascar）和意大利，通过实地考察来探寻古代城市的故事。

我有幸在一些古城遗址从事考古工作。泥土从我的手指间滑落，出土的是宏伟的古建筑和展现当年城市生活的古董文物。考古铲轻轻拍动，累积了几个世纪的尘土散落，一些陶器碎片的轮廓显现出来。在城墙的阴影下，我曾发现一个古代的装饰品，也许是商旅留下的，也许是一位行色匆匆的居民不小心丢下的。目光转向城墙本身，我注意到上面有指尖的印记——几千年前手工制作的痕迹保存在了沙石之间。在一座普通房屋的地基上，我看到了古代城市居民对于美的追求：房子本身虽然是由碎砖砌成的，但粗糙的边缘却被很好地隐藏了起来，从外观上看，房子就像是用天然建筑材料砌成的一样，浑然一体。

在古城遗址工作时，一些文物会带给我强烈的亲切感。恍惚间，似乎自己所在之处并非古城遗址，而是一座蒙尘的现代都市。住房是日常家庭生活的“容器”，大型公共建筑则时刻提醒我们：要关注整个社区，而不是只关心自己的一亩三分地。广场是人们集体庆祝节日或进行市场交易的理想空间，白天很热闹，但晚上就变得空旷起来。小巷和街道中，市民在这儿日复一日地工作，与邻居打着招呼，像极了现代都市中拥挤的公寓和大街。行政建筑（无论是寺庙还是宫殿）述说着城市的政治结构：管理者占据城市的中心区，普通市民和管理者之间的关系则错综复杂——既有服从和许可，也有排斥和抵抗。放眼整个城市，这里有高级的时尚质感，有琳琅满目的商品，还有都市风格的建筑和工艺品。这些东西独属于城市，让“城里人”与“乡下人”变得不同了。

我要向读者们提出的问题是：为什么会出现城市？这是人类居住进化的自然步骤，还是出于对某些事件的反应？纵观人类历史，现在正是回答这个问题的好时候。首先，我们终于从世界各地的古城遗址中获得了足够多的考古数据，能够更详细地复盘首批城市的兴起过程，了解它们是如何在沙漠、河岸和热带丛林等恶劣的环境中存续下来的。其次，我们在有生之年见证了互联网的诞生，可以将其与城市的出现进行类比。二者都是不可逆转的爆发性变革，似乎是“无中生有”，却造成了巨大的影响，与我们的生活彻底交织在一起。

第一次体验互联网时，我们中的许多人已经成年。但我们的孩子是伴随着互联网长大的，因此，他们对世界的看法与我们大相径庭，认为上一代人用纸质地图、座机和书面信件的生活方式已经过时，甚至有点儿不可思议。同样，历史上首批城市居民向他们的子孙们解释说“布拉克、蒂卡尔或西安这些伟大城市在我们年轻时并不存在，我经历了它们的诞生和成长”的时候，他们的子孙们一定也感到难以置信。老人们肯定会讲，当年刚刚进入城市生活时是多么兴奋和新鲜，城市里人口众多、食物丰富、节日众多，让日常的工作都变得有趣起来。小孩们就会想：怎么可能呢？这有什么大不了的？繁荣喧闹的市场、鳞次栉比的街道、香火旺盛的寺庙、拥挤的人潮、廉价的小饰品和异国情调的香气，这些都是小孩们的日常生活，他们根本想象不到没有这些的生活会是什么样。

城市出现之后，我们的祖先迅速适应了城市生活，就像我们迅速适应了互联网生活一样。与互联网一样，首批城市也代表着集中在同一区域的工作和休闲机会。如今，通过手机或笔记本电脑，我们可以很快地转换状态：一会儿玩社交媒体，一会儿享受家庭生活，一会儿又去应付老板的工作指令。互联网为我们提供了互动的自主选择，你可以与朋友、家人和陌生人共度集体生活，也可以一个人愉快地沉浸在游戏中。你可以过滤掉很多选项。在城市中逛街的时候，你可以注意一些东西，忽略另一些东西；同样，上网的时候，你可以根据自己的需求和时间来访问想去的网站和想要的资源。你非常清楚，当需要一些知识和经验的时候，网络大数据可以帮你搞定从出生到死亡的每一件事：家庭作业解析、新娘沙龙、生育建议、育儿技巧、财务和法律顾问、遛狗服务、助听器、医疗护理、太平间服务。

对于我们的远古祖先来说，城市就像是“初代互联网”，一种与更多人、更多样的人进行交流和互动的途径，一种新的工作和休闲形式，一种新的与他人联系的方式。互联网提供了机会，让我们能够满足人类交流通信和表现自我的基本需求；同样，一旦城市出现了，人们就再也无法想象没有它的生活。但是，与互联网一样，城市的概念有许多必要的、预先存在的组成部分：人类的语言能力、祖先的迁徙历史、人类对商品独有的依赖，以及设想和构造建筑多样性的共同愿望。正如这本书将要探讨的内容，这些组成部分对城市生活的发展及其在现代世界中的连续性而言都是必不可少的。

历史建筑和现代建筑的立面

第二章　古今城市生活

大约 6000 年前，人类创造了城市。在不算悠久的历史中，城市以燎原之势扩张发展，如今已遍布全球，以至于人们几乎“意识不到”城市的存在。现在，人们下意识地将日常生活体验融入城市形态中；外出旅行的时候，家乡所在的城市则成为体验一个新地方的参照系。潜移默化中，城市培养了我们普遍的行为范式。在这种范式下，我们知道城市居民不会自己种植食物，也不会在自家饲养牲畜，所以我们也就不会在城市里费劲寻找饲料店或牲畜棚。“城市”二字，意味着一个已经为我们准备好了食物的地方，那里有餐馆、食品摊位和街边小贩。在这种范式下，我们知道城市居民会直接从水龙头取水，而不是用桶从附近的河里挑水。环顾城市四周的建筑，我们确信这里会有酒吧、饮品店和洗手间。在这种范式下，我们知道城市里有各种各样的交通方式，包括出租车、共享单车、公共汽车、有轨电车、地铁、自行车道、单轨铁路和电动摩托车。我们可以选择多种出行方式到达目的地，只是每种方式的花费有所不同。

每到一个新城市，你都会有一个高效的学习曲线，快速掌握所需要的信息并且适应环境。回想一下自己是否有这样的经历：到达新城市的第一天，就已经有人在街上向你问路了。也就是说，在很短的时间内，你已经变得比其他人更加专业了。这在小镇或者村庄是不可想象的。首先你没那么容易找到人；再者，就算你找到人了，他们有时候也不愿向陌生人提供信息。在新的城市环境中继续生活的你，就像很久以前进入君士坦丁堡（Byzantine Constantinople）的商队领袖，或者赶着羊群进入市场的古巴比伦（Babylon）牧羊人。你像他们一样，进入城市后首先要寻找一些熟悉的东西，比如市场、十字路口、餐馆。身处城市中，你可以环顾四周，感受周围的环境，看看其他人穿了什么、做了什么，确定他们的身份，搞清楚自己下一步的方向。

走进一个陌生城市，你几乎立刻就能适应，原因在于人类对这种城市生活有天然的熟悉度。这一点是可以找到证据的。很多时候，不同文化、不同背景的人聚集在一起，他们唯一的共同点就是都遵循城市生活的范式。举一个例子，也许是历史上最有代表性的例子。1519 年，一小队西班牙士兵探险家来到了位于墨西哥中部的阿兹特克（Aztecs）帝国的首都，由克里斯托弗·哥伦布（Christopher Columbus）带回了第一批关于“新世界”的报告。仅仅过了一代人的时间，当时的西班牙冒险家们（包括一队队被派往大西洋彼岸的战士、统治者和牧师）便实现了对美洲的成功征服和殖民统治，最终把美洲变成了我们今天所熟知的模样。从小规模接触开始，到成为影响全世界的大事件，美洲殖民意义重大。包括贾里德·戴蒙德（Jared Diamond）的《枪炮、病菌与钢铁》（*Guns, Germs, and Steel*）在内，很多学术著作都对此进行了深入研究。

想象一下，两个完全不同的文明，当他们派出的代表第一次会晤，这意味着什么？意味着这一小队西班牙人，在一段未知的旅程中穿越了世界——这不亚于我们在今天探索外太空。旅途开始之前，他们完全不知道，应该携带什么设备？旅程将在哪里结束？在目光所及的地方之外，潜藏着什么意想不到的奇迹和危险？在去程或回程的途中，死亡的概率有多大？在横渡大西洋的漫长旅途中，在船长的背影之后，猜疑在每个人的心中发酵，焦虑在每个人的脑中盘旋。当他们最终到达墨西哥海岸时，苦难还没有结束，因为他们还要穿越陆地，到达阿兹特克帝国的中心，这又是一段全新、陌生而艰苦的旅程。路上有未知的景观、陌生的食物和奇怪的动物。对于那些携带小饰品、打算搞货物交易的西班牙人来说，这儿可能会有新朋友；可对于那些携带武器的西班牙人来说，这儿一定都是新敌人。在大西洋沿岸登陆时，西班牙人尚未征服任何人，还算不上是什么征服者。现代人类发射火箭之后，第一级火箭坠落，剩余的燃料推动火箭飞向更远的太空；与之相似，当年的西班牙冒险家们只知道他们会有新的经历，却无法预见其影响。

西班牙冒险家们从墨西哥海岸出发，在陆地上进行了为期数周的徒步和骑马旅行。所经过的地方对他们而言十分陌生，对当地人来说却无比熟悉。西班牙人利用阿兹特克商人［被称为“波其德卡”（pochteca）］使用了几个世纪的小路，从海岸上雾气蒙蒙的丛林出发，随着海拔不断升高，缓慢地行进到内陆干旱的山脉中。途中，西班牙人很少与当地人沟通。土著怎么可能这么快学会基本的西班牙语？西班牙人又怎么可能这么快学会当地语言？然而，当他们接近阿兹特克三国同盟的核心区域时，出现了很多人文地理学的线索。在穿越高地时，西班牙人前进的方向刚好与向内陆进发、系着前额扎带的商人们相同，而与带着空篮子去海岸的人群相反。房屋开始变得越来越密集，道路也越来越宽、越来越旧。人越来越多，他们讲的语言种类越来越庞杂，穿的衣服越来越多样。小道上，当地人与满载货物的波其德卡商人形成鲜明的对比；当地人就像我们今天在孟买（Mumbai）、马德里（Madrid）和曼哈顿看到的通勤者，只带着一个日常背包，衣服稍微有一点儿特别。

西班牙人来到了一个全新的环境，然而，在接近墨西哥高地时，他们对眼前的景象却并不陌生。他们能够了解当地的人口数量、洞察当地的生产力情况，从而在这儿建造新的城市。当他们到达一个被当地人称为“特诺奇提特兰”[①]的地方时，他们确切地知道眼前的一切是什么，以及是如何运作的：

> 我们看到，高架渠从查普特佩克（Chapultepec）为城镇引来淡水，沿着3条堤道桥梁，水流每隔一段时间就会从湖里流到城镇。大湖上有许多船只，有的满载商品而来，有的满载货物而去……我们看到了梯田式的房屋，还有沿着堤道建造的塔和教堂，看起来如同堡垒一般。在观察并思考了这一切之后，我们把目光转向了大市场和在那里做买卖的商人……我们当中有去过世界很多地方的士兵，包括君士坦丁堡、意大利各地和罗马；他们说，从来没有见过一个市场能有这么多人，却维持着这么好的秩序。

旧世界与新世界相遇，这本该是一个互相难以理解的异化时刻，因为双方从未直接接触过，然而事实却是新旧世界都很快读懂了对方。西班牙人认为城市中会有市场、交易、基础

---

① 特诺奇提特兰（Tenochtitlan），一般称为México-Tenochtitlán，是阿兹特克帝国的首都，位于墨西哥特斯科湖中的一座岛上，其遗址位于今日墨西哥城的地下。——译者注

设施，眼前的现实也与他们的期望相符。他们天生就明白，城市居民不会外出务农，所需要的粮食必须大量依赖进口。他们立即聚焦于人流密集的城市中心，认识到那儿的金字塔和寺庙是政治权威中心。他们惊叹于居民们所穿的各种服装和饰品，发现阿兹特克首都的生活甚至比自己的家乡还要精致。

10 多年后，在古印加（Inka）帝国的首都库斯科，西班牙人的经验再次生效。库斯科位于现在的秘鲁（Peru），在远离特诺奇提特兰的大陆上。库斯科被群山包围，自太平洋而来的来访者需要从海岸向内陆长途跋涉才能到达。陡峭的安第斯山脉使旅途变得更加艰难，那里小路蜿蜒，溪流遍布。历经艰苦跋涉和战乱，2 年之后，西班牙人终于来到了高地。一路上，他们一直受困于古印加统治者自相残杀的内战。不过，好在首都库斯科的受损程度相对较小，仍然是一个完整且功能健全的城市，所以西班牙探险家佩德罗·桑乔（Pedro Sancho）才得以见证这一切。在作品中，佩德罗带着强烈的钦佩感，介绍了当地人如何精心建造房屋和防御工事，描述了广场、管道等一系列城市基础设施，并总结道：

> 库斯科城是贵族居住的主要场所，它伟大、美丽、建筑众多，值得西班牙人欣赏。

对特诺奇提特兰和库斯科等“新世界城市”，欧洲人积累了足够的经验，为捕捉城市形态的普遍性提供了最接近实验室的条件。对于阿兹特克人和印加人的宏伟首都，西班牙人能够理解并欣赏，是因为这些城市看起来与西班牙的城市完全一样。然而，奇妙之处就在于，欧亚大陆的人与美洲人从未接触过，每个地方的城市中心都是完全独立地发展起来的。它们之所以这么像，是因为全世界的人类都有相同的大脑，在认知方面有着相同的机制和约束，从而创造出了相同的城市模板。这个模板以聚居生活为目的，发展出了邻里社区、开放空间、纪念性建筑，并根据居住者的社会地位决定住房的大小和风格。

城市建筑设计（既包括房屋，也包括用水供给、垃圾处理和交通等基础设施）不仅使人们居住的建筑环境更加多样化，而且提高了居民的社会参与度。在城市，人们的关注点转移到了对食物、物品和货品的要求上，希望通过多种方式尽可能地满足自己的需求，这正是对人类原始部落战斗冲动的一种替代。第一批居住在城市的人使用各种经济策略（例如车间分工，即每个人只需高效地制造出产品的一部分），以制造更多的产品。人们还批量采购原材料、拓展采购来源，从而实现了规模经济。规模经济反过来又催生了新的机构，如城市寺庙和仓库。这些机构是财富和庇护的来源，也创造了从学者到清洁工等各种新的就业机会。人们利用税收、合同、保险和法律等政治策略来实现期望、满足要求，并将资源集中起来。这样，即使因移民潮或城市流行病（在古文献中有大量记载）导致人口大量减少，城市也能保持稳定。

通过工作或日常生活，城市居民可以接触各种各样、为数众多的人。因此，几乎在不知不觉中，人们因“求同”而聚合，而非因“存异”而分离。在现在的墨西哥地区，当第一批城市出现时，人们不仅建造了金字塔和寺庙等仪式性建筑，还建造了一种独特的建筑——球场。在那里，两只球队用硬橡胶球进行类似于现代足球的比赛。和今天的体育场馆一样，这些古老的球场也大都位于市中心，毗邻精英阶层聚居的寺庙和宫殿。在南美洲地区（印加人后来建立帝国的地方），吸引人们到城市生活的因素有很多，其中就包括供奉“杖神”（Staff God）的宗教仪式之地。杖神出现在古城遗迹的许多地方。在蒂瓦纳科（Tiwanaku），它被刻在雄伟的大门顶部；在夏文（Chavín），它则被刻在雕塑上，深埋于地下。

西班牙人在新世界的经历与我们在现代的认知大致相符，即无论在何地，城市都有相同的组成部分：街道、街区、市场、政府大楼、开放空间和拥挤的小巷。娱乐场所和教育场所必不可少。此外，城市还有交通互联的基础设施，如供水、道路和桥梁，它们是人类工程学发展的象征，也是建筑学发展的表现，甚至还蕴含着一点儿“城市品牌”。这儿既有金碧辉煌的富人区，也有家徒四壁的贫民窟。商人、会计和教师构成了等级和财富意义上的中产阶级，他们关心地位和舒适感，拥有房屋和财产，有能力购买一些奢侈品。虽然宗教传统因地而异，但人们都在城市中清楚地划分了仪式活动地点，包括宏伟的建筑和周边空间。

很久以前，探险家以城市作为目的地和联系节点，在城市中寻找一种超越文化差异的逻辑和规律，使他们在不同地方旅行时都能轻车熟路。罗马帝国发展初期，人们通过水路而不是陆路相连。罗马人跨越地中海，首先征服了雅典和迦太基（Carthage）等城市中心，将其作为罗马不断增长的国际贸易网络的中转站。当罗马人通过阿拉伯和非洲，将势力网络不断向东方和南方扩展时，他们从中转港口的人们那里收集信息、了解远方。罗马人最远曾触及印度，文献和考古证据显示，罗马人能够准确地描述南亚次大陆的城市。

罗马人并不是唯一利用城市作为旅途驿站的人。2000 多年前，在中亚，商人、朝圣者和雇佣兵车队穿越广袤的沙漠，来到丝绸之路上的绿洲城市。在中东，人们沿着老旧的道路往返于各大城市之间，从阿拉伯半岛出发，来到开罗的露天市场，然后穿过撒哈拉沙漠，最终到达西非的廷巴克图（Timbuktu）和马里（Mali）。在印度次大陆，从北部的阿富汗（Afghanistan）到南部的斯里兰卡岛，人们沿着恒河，行走在庞大的古城网络之中。以西班牙人占领墨西哥和秘鲁为标志，欧洲进入了文艺复兴和地理大发现时期。那时候，为了维持殖民统治，欧洲人通过长期采取重视港口城市的策略，控制来自内陆的货物。利用自己对城市生活习性和社会配置的熟悉度，欧洲人未曾亲自涉足乡村的未知区域，就开拓了庞大的贸易网络。

城市地图

早在城市出现之前，我们的祖先就有能力进行航迹推算和地图测绘。在某地活动时，他们会利用自然标记（如树木和岩石），创建旅行和行动的认知地图。在城市中，自然环境逐渐成为建筑环境的附属品。借助建筑，人们有更多的方式来标记运动空间，例如从家到工作单位、从学校到娱乐场所等。城市中有商店、小巷和独特的街角；有各种各样的纪念建筑，如寺庙、方尖碑或尖塔；有很多标志（有的是具体的，但更多的是象征性的），如发廊的转灯、商店橱窗里陈列的商品。即使是那些时常移动的东西，比如推车、流浪汉或拴在门柱上的动物，也可以成为城市中寻路的工具。

不同于现代城市居民动态的生活方式，我们为古代城市居民绘制的地图都是二维的、静态的。为了降低成本和方便编辑，出版商通常不愿意在书中放插图，同时也限制作者在文中使用图片。因此，小小的一张地图，往往就包含了城市的百年历史：例如，整个罗马城（甚至整个罗马帝国）可能被压缩成一张图来展示。为了提高效率，制图师经常将比例尺调到最小，以展示最大的范围，因此信息也最简略。这很有可能会误导读者，因为城市是发展变化的，而第一批城市居民仅有初步的理念和设想，尚未看到城市实际建成的样子。在长时间的城市生活中，新建筑拔地而起，旧建筑被拆除得无影无踪，市民也不断更新着自己心中的城市地图。以寺庙为例，建城初期，寺庙一般被设计为可以容纳几十人或几百人，但很快就会超员，信徒们不得不扩建寺庙。再说说城墙，建城初期，雄伟的城墙仅停留在“想法”阶段，还没有通过建筑工人的汗水和劳动实现。即使在开始建设很久之后，城墙也还可能只是一项进行中的工作，要么太短，要么不完整，根本算不上在战争中可以提供保护或威慑的可靠设施。

在几代人漫长的城市建设中，居民会经历一代又一代不同的都市环境，很少有人会像我们现在看地图那样，几乎所见即所得。在古代城市中，发生巨大变化的不仅是寺庙和城墙。一般来说，城市的第一批住宅都建造得比较匆忙，用来容纳快速涌入这个新兴都市的移民。第一批城市定居者被这里特殊的规则和资源所吸引（例如方便的贸易场所、良好的材料来源、皇家法令或宗教愿景），很多人刚开始并没想着要长期住下来。但是，当经过了几次四季变换、修葺房屋之后，他们开始觉得再搬家不太划算，逐渐意识到自己会在这里久居。与此同时，附近的其他人也做了同样的计算、同样的决定，因此形成了房屋、商店、小路和游乐场的密集网络。除了那些刚刚起步的社区（我们也许应该称之为贫民窟），城市中还有权贵居住的富人区，以及小老板和包工头们所在的中产区。中产阶级来到城市，为的就是享受人口红利，生产新产品，享受教育和娱乐的新消费形式。

我们很少能找到早期城市结构的遗骸，部分原因是，相对于神秘壮观的古墓和寺庙，学者（或资助机构）并不重视研究古代都市中的“普通人”。我们甚至连地图都不可轻信，包括具有标志性建筑的地图。因为不管是千古流传的名楼还是昙花一现的房屋，它们都有不同于今天的原貌，都经历了痛苦的成长，而地图掩盖了这些变化过程。从文本研究中我们了解到，人们常常彻底改造早期建筑，以此重建主要城市的结构。正如我们今天所做的一样，在实际建设中，古代的建筑师可以改变建筑结构，包括修改初始的地面规划、重新设计外墙和屋顶（用来改变其功能和风格）、重新利用建筑组件（为了适应其他地方的新建筑）。这个过程以很多不同的方式进行。有时候，统治者骄傲地“改进”前辈们的创造；有时候还会出现完全不受人类控制的因素，如多次摧毁罗马和希腊城市建筑的地震灾害。在五花八门的人类行为和自然变化中，任何地图都会很快过时。

但是，或许我们不应该对绘图的考古学家过于严苛。因为就算是古人，他们也只是选择性地绘制地图内容。3000 多年前，在美索不达米亚古城尼普尔（Nippur）的陶片上，首次出现了城市规划图。古代地图绘制者像素描艺术家一样，只不过他们用的材料是黏土。趁着黏土湿软，他们快速在表面雕出图案，包括城市的主要街道、运河，也包括古代神祇“恩利尔”（Enlil）的寺庙。虽然地图上的内容到今天已经所剩无几，但有些细节还是相当有意思。比如，虽然城市中满是普通住宅，但地图制作者对此只是一笔带过，因为在他看来，这些住宅远不如宗教和市政基础设施那么重要。绘制宗教场所时，地图制作者也进行了一些编辑。一些我们明知存在过的寺庙，如“恩利尔”的竞争对手“尼努尔塔”（Ninurta）的寺庙，在地图上被省略了。地图绘制者在角落所作的标注尤其有趣，比如在地图上，制图者用微小、整齐的楔形文字把城墙的开口标记为“不洁妇女之门”（The Gate of the Unclean Women）。

最壮观和神秘的古代城市地图之一就是古罗马地图，它是在近 2000 年前以三维形式绘制的。古罗马地图又被称为“塞韦兰大理石计划”（Severan Marble Plan），是 3 世纪初的石雕作品，那时候古罗马城已经存在了近 1000 年。它原本的尺寸至少为 60 英尺[①]×43 英尺，比一栋两层楼的房子的侧面还

① 1 英尺≈ 0.3048 米。——编者注

要大。它被附在“圣殿帕奇斯寺庙”（Templum Pacis）的墙壁上，而这个寺庙最终倒塌了。不幸的是，“塞韦兰大理石计划”也在倒塌中变得支离破碎，变成了约1000个碎片，因为缺少连接，其中一些碎片至今仍然难以匹配。在16世纪的古典考古发掘热潮中，“塞韦兰大理石计划”的首批碎片出土。自此以后，考古学家一直在试图把它们拼接完整。由于挖掘工作仍在进行中，碎片不断出现，社会上对此反响热烈。然而，对彼得罗·福里尔（Pietro Forrier）等个别早期策展人的行为，我们必须严厉谴责。为了让碎片更容易匹配，彼得罗在1741年锯掉了一些地图碎片的不规则角。奇怪的是，许多“塞韦兰大理石计划”的碎片被发现的地点，与曾在寺庙墙壁上附着的完整地图的所在地相距甚远。这说明，古罗马人在某个时候发现地图已经过时并丢弃了它，就像你我现在也会扔掉旧地图一样。

对古罗马人来说，“塞韦兰大理石计划”展示了规划师或统治者所认为的城市“全貌”，既包括当时著名的古迹，也包括日常生活需要的面食商店、公众聚集场所等地方。然而事实上，地图展现的远非全貌。我们知道，有些老建筑消失后，就不会在地图上出现了；同样，古代人也知道，在地图绘制完成的一刹那，其中某些部分就已经过时了。毫无疑问，为这个宏伟的计划辛勤工作时，大理石雕刻师们发生过这样的争论：那些被地震或火灾破坏的建筑物，未来肯定会被拆除或重建，它们是否应该在地图上表现出来？还有那些正在建设中的建筑物，既没有名字，也没有实际使用，又该怎么办呢？对于地图制作者的个人想法和实际选择，社会上可能也有一些议论。雕刻街道时，对于街道上发生的各种活动，雕刻师一定也有自己的思考和见解，但这些思考和见解无法以物理形式在图上完全表达出来，对此雕刻师一定会一边摇着头，一边发出惋惜的叹息。

城市规划地图不仅不够完整，而且会很快过时，但直至今天，我们仍然在使用它。在伦敦、休斯敦和曼哈顿等城市，公共场所都张贴了美观大方的最新地图。这些地图是整个城市的路标，并且为了方便寻路，一般都有“你在此处”的标志。有趣的是，当游客看到公共场所的地图时，他们总觉得地图上标的不对，于是经常进行“三方比对”：看一眼张贴的版本，再看一眼手上的纸质地图，再看看手机上的电子地图。其实，这三种地图都同样正确无误，只是当某人想去某个地方的时候，实地情况总会超出地图内容的范围。就现代人的经验而言，当我们实际到访某地后再看那儿的地图，地图标记所代表的东西就不一样了。这就像古代的“塞韦兰大理石计划”一样，人类没有办法在地图上展示历史和时间。想象一下，古罗马人给别人指路时（我们现代人也一样），有时候既要用现在的地标，也要用以前的地标。他可能会说：“嗯，你先经过以前是修鞋店的那个地方，到达现在的某个女装店，然后向左转。”

城市的“流动”

地图和路标的意义不是把我们锚定在原地，而是给我们移动的标记。运动是城市的标志：人们从农村迁入，游客经过城市前往旅途的下一站，人们在分散的城市空间中居住、工作、礼拜、购物、锻炼、教育和交际。即使是同一个街区内，也有很多不同的场所和道路。这些地方为人们提供了机会，让大家可以不断更新关于商品、服务和活动的信息。每天只要在大街上行走，通过改变做事的节奏和方向，人们就有机会遇见不一样的自己。我们直走、左转、右转，满怀信心地在城市街道上选择自己的方向，最终到达理想的目的地。

社会理论家米哈里·契克森米哈（Mihaly Csikszentmihalyi）认为：有信心掌握周围环境、了解自身能量的引导因素，这是我们幸福感的来源。最好的体验和幸福感是通过集中注意力获得的，他把这种概念称之为“流动”（flow）。有趣的是，人们之所以能够实现流动状态，并不是因为他们完全不受约束。恰恰相反，实际上，约束能够使人集中精力，从而产生良好的效果。能让人进入流动状态的活动有很多，例如攀岩、做手术、与自己的孩子玩游戏等。在这些活动中，人们用“享受当下”取代了对时间和地点的感知，从而获得深刻的满足感。

这种满足感来自约定俗成的心理约束（如游戏规则、乐谱或复杂操作的逻辑步骤）。正如契克森米哈所言：“到目前为止，绝大多数的最优体验都发生在有目标导向、受规则约束的活动中。这些活动需要投入精神能量，也需要调用适当的技能。”

在城市中，流动是街道、桥梁和地铁线路等物理约束的结果，这些限制会引导我们前进。城市道路变窄、穿行人数增加，这使城市生活的物理过程加速，就像水流随着管道直径缩小而流动变快。从农村人迁入城市的那一刻开始，城市的本质就是不断的运动。首先是第一批人来到城市定居，之后则不断有新的力量加入。流动商贩带着来自附近农场和田地的新鲜蔬菜进出城市，长途商贩则季节性地提供谷物和其他主食。运输商为城市车间运进原材料，又运出一袋袋的垃圾、可回收物和产品。住在郊区的白领（如抄写员、律师、会计师、中层管理人员）每天上下班进出城市。在这些脉冲波动一般的过程中，城市居民如潮水起落，从家到工作单位，再到娱乐场所，他们在严格限制的街区内寻找生活来源。此外，市民们自身也创造出了一种约束，进一步使流动得到加强：进入一个城市，你会不由自主地加快步伐，仿佛在城市中就应该比在乡村走得快。

城市对居民有着物理约束，除了上文所述，这种约束也以其他方式对社交互动产生溢出效应。在乡村，你可以根据几个简单的因素来选择出行道路。比如，你和那附近的邻居关系好不好？穿过别人的院子时你是否觉得舒适？由于村庄面积小，且大家都久居于此，你很可能对邻居非常了解（包括院子里是否有凶猛的猎犬）。相比之下，城市面积巨大、人口庞杂，大家往往无法建立面对面的关系。在城市中，当一个人需要从A点去B点时，他不需要认识沿路的居民，也不必记住沿路家庭的社交网络。大城市的生活具有“匿名性”，这就减弱了持续性社会交往的必要性。这种匿名性也解释了为什么农村人习惯于向路人微笑致意，而城里人却不会。城市的各种物理结构（包括大路、街道和小径，也包括使用公园和广场等公共空间的书面规则和不成文规则）为人们提供了一种限制性的“容器”。在这种容器中，人们无法随心所欲地在物理空间中移动，不过相应地也不会经历认知超载。如果没有这种容器，人们在日常出行中要认识太多的人、关心太多的事，从而背负太多的社会责任，陷入认知超载状态。

在古代城市中，狭窄空间（如拥挤的桥梁、狭窄的街道和小巷）也同样至关重要。在许多古城遗址中，例如意大利的庞贝古城，以及巴基斯坦的古印度文明城市摩亨佐－达罗（Mohenjo Daro），考古学家挖掘出了城市步行景观，使我们能够沿着祖先的脚步行走。在正午的烈日下，我们可以在高楼的阴影下避暑，小心避开主干道旁的死胡同。在墨西哥古城特奥蒂华坎，经过一个世纪的挖掘，世人终于见到了宏伟的林荫大道、复杂的小巷和住宅内的庭院。在这些不同的空间里，古代居民会穿过迷宫般相互连接的小路，在每天的出行中经历不同速度和规模的流动。今天，游客仍然可以体验这些空间元素和往复运动，穿过拥挤的社区道路，体验最亲密的家庭生活，最后来到巨大的金字塔综合体和死亡大道。

我们对古代遗址“运动”的理解不仅仅出于对建筑的欣赏。在穿过街区、市场和寺庙广场道路时，古人留下了一些痕迹，我们至今仍然可以在微观层面上真切地看到它们。在土耳其古城遗址克尔肯斯（Kerkenes），考古学家斯科特·布兰廷（Scott Branting）和他的同事们使用了一系列创新技术来展示行人的行踪。发掘整个克尔肯斯遗址本来需要几个世纪，但他们使用了高科技的测绘技术，在短短几个月的野外作业中，像地理“X 射线”一样观察建筑物和街道的布局。研究小组使用的是一种被称为“磁辐射测量”的调查方法，通过测量不同的地下密度，用计算机生成电子地图。这些电子地图就像是古地图（如尼普尔泥板地图或塞韦兰大理石计划）的镜像版本，展示了古城的结构轮廓。随后，布兰廷的团队在一些街道上进行了手术般精确的挖掘。他们从街道沉积物的垂直切面（显示了灰尘累积的分层效应）中收集材料，并在显微镜下观察分层沉积物的样本。他们推断，街道沉积物中的沙粒越圆，走过这条街道的人就越多。每一次有人步行经过，街道上的沙粒都会变圆一些，这些效果叠加在一起，考古团队就能确定哪些街道更受欢迎、哪条街道的交通流量更大。

在克尔肯斯，行人络绎不绝，穿行于城市的街道网络。在显微镜下，我们可以看到这种流动的证据。理论上，我们可以设想每个古城都有类似的运动模式；在这种运动模式下，我们可以从分子水平上测量每个人产生的影响。个体互动的集体模式让每个人都感到了流动，同时也创造了集体的运动模式。我们预计，高流量街道有较多的商店和市场摊位；低流量小路则穿过房屋和小巷，很少有人路过。人们从高流量地区前往低流量地区，然后又回到他们周围的世界。他们从一个地方步行或骑马到另一个地方，从众多的路线组合中选择最适合自己的一种方式。街道引导他们离开居所，路过街坊邻里，一直到达寺庙、宫殿或者都市广场。

有些时候，古城的街道布局是法令和强制性共识的结果。几千年前，在印度西素帕勒格勒赫[①]考古遗址，人们制定了网格化的城市规划。在规划中，人们设计了一个指挥交通、控制流动的地方，就像华盛顿、巴西利亚（Brasília）和昌迪加

---

① 西素帕勒格勒赫遗址（Sisupalgarh Ruins），修建于公元前3世纪初期，位于城市的东南角，靠近默哈讷迪河。在孔雀王朝时期，这里曾经是羯陵伽国的重要城市之一。——译者注

尔（Chandigarh）等较新的现代城市所做的一样。然而，大多数情况下，古城的街道布局是人口增长的自然结果。在6000年前城市化刚开始时，情况尤其如此。当第一批居民到达城市时，他们只有在乡村生活的经历，总觉得在城市中也有足够的空间。在城市中心区的组织模式确立之后，人们建造新建筑时仍然会参照邻近旧建筑的几何结构。学者杰里米·蒂尔（Jeremy Till）将这种现象称为“建筑依赖”。在建筑依赖的作用下，整个建筑环境几乎没有从零开始的机会；相反，建造过程开始时创立的模式将一直沿存，影响并塑造后世每一代人的创造力。

在城市中，建筑依赖限制了运动感，使其趋于恒定，而运动感是城市生活的重要组成部分。从第一批城市出现开始，运动就被建筑环境所引导。在城市中穿行时，不管是临时性建筑还是永久性建筑，它们对行人来说都是一道屏障。因此，城市产生的独特流动既不盲目，也不偶然；在每一个建筑姿态和行人步态中，流动被嵌入、被表达。在伟大的中国古都长安（就在现代大都市西安），道路和建筑不仅可以让市民在平时合法流动，而且还可以在某些时段阻断流动，以此彰显政治权威。例如，宫殿坐落于城市正中，就像溪流中的巨石一样阻断水流。在特奥蒂华坎，太阳金字塔和羽蛇神金字塔都是非常重要的建筑；但作为一个整体来看，它们从属于月亮金字塔和死亡大道的主轴线。在罗马帝国时期，不管在罗马还是在地中海周围的城市，街道变成了实质性的建筑，一种公共建筑，像是在市中心运输人群的管道（只不过没被包裹住），又像是教堂或剧场的过道（只不过两边有一些建筑），把人们统一运往流动暂时停止的区域（如商店和办公室）。这样，街道将城市的经济生活集中到商店和办公室中，遵守其空间规律，也遵循了另一种日常生活习惯。

从城市中心成千上万的普通居民的角度来看，正是这些日常生活使城市变得新鲜、独特、引人注目。与乡村生活分散的景观和密集的家庭空间相比，城市中心建筑为人们提供了一种机会，让大家自由设计、紧密联系。一个广场比整个村的规模还大，一个街区同整个镇的大小相似，而它们还只是整个城市的微小建筑模块。围绕着这些新型建筑，城市为人们的运动提供了方向。在之前的人类定居点中，这些是从未有过的。拥挤的街道和建筑取代了自然天际线，形成了新的景观，把城市变成了人为制造的迷宫。摩天大楼拔地而起，突破天际，吸引人们慕名拜访。对现代人来说，互联网开辟了无数的机会，从一个超链接通向另一个超链接；同样，对于古代人而言，城市环境也为他们提供了新的“连接通路”。人们的流动（包括空间流动和社会流动）以物理的方式被刻印在了景观中，成为考古证据，给我们留下了有形的历史遗骸。

公元 1749 年，战神广场的挖掘现场，琼 · 巴尔博（Jean Barbault）

第三章　发掘古城遗迹

考古项目开始的时候，你会感到特别神奇。经过漫长的图书馆工作以及几个月的计划、写申请书并最终得到批准之后，你终于可以开始大干一场了。你也许办理好了登机手续，给汽车加满了油，还仔细检查了所有要带的设备（千万不要忘记备用电池）。你最后一次从办公室拿起咖啡，最后一次检查工作邮箱，最后一次签署了一些紧急文件，向未来一段时间内暂代你职务的工作人员表示感谢，然后在同事们羡慕的目光中转身离去。你的脸上带着灿烂的笑容，脚上穿着耐用的靴子，雄赳赳气昂昂地“进入田野工作”。

调查古代历史需要什么样的人才呢？你可能会认为，工作人员至少应该是研究团队的学徒，或者有多年的研究经验，甚至可能是博士。这些东西当然有用，但并不是必要的。要成为考古学家，唯一必要的东西就是良好的观察力。我认识的一些最优秀的田野考古工作者中，有图书馆馆员、会计师，还有专业的医生。他们有良好的工作习惯，娴熟的工作技能，为了考古事业无私奉献。从沉重的铁锤到细小的笔刷，田野考古工作者利用各种工具，一点儿一点儿地发掘古代的建筑物、墓地和垃圾坑，追溯人类最早的足迹。挖到文化层[①]的底部时，他们一般会继续挖下去，看看人类来到这儿之前的样子。

可是，我们为什么要搞考古挖掘呢？这些文物从何而来？如此庞大的古城竟然会被整个埋在地下，那么，现代城市是否同样有被埋没的危险？答案很简单。想想你时常路过的废弃地段，那儿是垃圾和杂草的天堂，以后还会累积更多的垃圾、树叶和灰尘。如果没有人清理这些地段，百年之后，这里将会被 1 英尺左右的碎片和土壤所覆盖。现在，想象那里有一所被遗弃的房子，屋顶坍塌，墙壁崩裂。在几十年的分解、空置和破损过程中，房子里将有老鼠安家，鸟儿筑巢，变得无序而混乱。几个世纪后，在天气、重力和拾荒者的作用下，这所房子可能会被夷为平地，变得无法辨认。

然而在许多实例中，古代城市被埋没并不是因为遭到废弃，而是因为一直有人居住。随着人口激增，第一批城市的新移民和原住民需要更大的住宅和商业空间。于是，人们不断建

---

① 文化层（cultural layers）是一个考古术语，指在古代遗址中，因为人类活动而遗留下的遗物、遗迹和其他事物形成的堆积层。一般情况下，一个堆积层代表一定的时期，文化层中的不同层级相互叠压，通过这种相互叠压的关系，可以确定该遗址的相对年代以及相关情况。——译者注

造新建筑来改善居住条件，不断翻新旧建筑来避免风格过时。城市活力十足，持续增长。古人没有推土机来清理旧房子或旧寺庙，所以他们选择了更容易的方法：从旧建筑中挑走好的建筑材料，推倒墙壁，用瓦砾填补旧地基的空间，方便以后在此处兴修新建筑。这样，在不断进行建设的过程中，整个城市就像采石场一样。居民们一遍又一遍地重修街区，只为迎合自己不断变化的品位。在这段时间里，一座又一座的房子建起、坍塌、建起、坍塌……不停循环，使整个城市逐渐升高。

如今，在墨西哥城、雅典、罗马、伦敦、巴黎、西安和伊斯坦布尔等城市，人们为了造地铁、打地基而向地下深挖。挖掘过程中，人们不断邂逅城市被尘封的遗产。有时，推土机操作员一路推进，突然发现前方出现有考古价值的石块，于是眼疾手快地停下机器；有时，电子测量设备在地层中检测到空隙，寻踪而去，发现那儿是一个古老的神殿、澡堂或谷物储藏室。就像这些情况一样，有些惊人的考古发现来源于偶然和巧合。有些人天真地认为，考古发掘工作的图景是这样的：考古学家站在夕阳下，旁边是蔚然壮观的风蚀遗址，非常浪漫。但实际上，专业考古人员的发掘工作跟“浪漫”可沾不上边。在进行地下挖掘时，工作人员需要戴好安全帽，在空气稀薄的地下深处操作重型设备；此外，发掘现场还有无尽的技术性挑战，包括发现残余文物、清除沙尘泥土、将文物带到地面等。

只有这些工作都完成了，文物才可以在博物馆展出，或保存在研究机构供人学习。

无论发现遗迹时环境如何，考古研究都是以非常标准的方法进行的。在古城遗址，每一个考古地层都尘封了前一个时代。这样一来，历史事件按时间顺序有序排列着，就像地质分层一样。虽然我们现在有了越来越复杂的方法（如放射性碳测年法和光释光测年法）可以准确测定考古发现的年代，但考古地层学仍然是我们研究遗址的主要方式。通过发掘不同地层中发现的文物，我们可以看到，不同物体随着时间变化产生了不同程度的风格变化：其中一些物品可以保持几个世纪风格不变，而有些装饰品的风格则常换常新。例如希腊红绘陶器，它就是风格迅速变化的一个绝佳例子（也提供了一个方便的时间标记）。希腊红绘陶器大约在公元前 530 年兴起于雅典等城市，既是一种技术创新，也是一种新的装饰风格。它很快成了当时流行的家庭装饰和饮酒器具。因此，如果在考古发掘中发现了这种陶器（不管多小），它都标志着文化发展的一座分水岭，并为其他出土文物提供了时间背景。考古地层学还回答了一些关于“组合”的问题，如各个时期哪些商品和建筑类型是同时存在的？不同财富、种族和规模的家庭有哪些共同特征（如在炊具、发型设计工具和小雕像方面）？这种基于组合的研究方法与博物馆的观点大相径庭——在博物馆中，每件文物都被密封在一个玻璃箱中，与同期的其他文物分开。

普通人一般只能在博物馆参观文物，但考古学家可不止如此。考古学家比大多数人都要幸运，因为我们能够真正地“触及”历史。文物从地下被发掘出来，通过考古学家之手而公之于世。有时，我们会在最意想不到的时刻有所收获。在每个田野考古项目开始时，我会为发掘团队制作简报，提醒他们最重要的收获可能出现在第一天，也可能出现在最后一天，还可能出现在我们为游客、生病、午饭等事情分心的时候。在考古发掘过程中，我们遇到过无数种生活中最常见的物品和建筑。为了从整体上了解城市，我们会汇总生产和消费的统计数据；但是我们必须记住，就像现代的情况一样，统计数据是由真实人群的增量行为构成的。无论我们挖掘的是一所存有垃圾的古代房屋，还是一座满是宏伟艺术品的古老寺庙，我们都在揭示个人和集体决策的结果。

城市之所以成为城市，靠的就是千千万万你我这样的普通人。居民不经意间的行为，却在古城留下了持久的痕迹。这些痕迹激发我们的想象力，弥合了过去和现在之间几个世纪的鸿沟。不久前在教室里，一个六年级学生问我：“所有出土的东西中，你最喜欢的是什么？”令他们吃惊的是，我的答案并非名贵的稀世宝石或器皿。相反，我想起的是一件普通人会觉得平淡无奇的东西。在印度西素帕勒格勒赫古城，我们曾经切开了雄伟的城墙上的一块砖，砖的断面上记录了各个建筑层的大小和位置。在两块砖之间，我们看到了一个古老的手印——那是在铺设下一层砖之前，石匠涂抹泥砂浆时留下的手印。对于古代的工程师和劳动者来说，留下手印的这个动作非常短暂、非常普通，这枚手印可能只露出了 1 秒，下一块砖就把它覆盖住了。2000 年来，这个微小的动作被封印在人们视线之外，直到我们发现了它。在印度沿海冬天炽热潮湿的阳光下，我们正在进行着古城墙的发掘工作，我小心翼翼地把手指放在这印记旁边，恭敬地将手印跟自己的手进行对比。那时，我的手与古人的手印如此接近，感觉像自己穿越回了古代。

在那些令人兴奋的发现时刻之外，常规挖掘过程的快慢取决于环境。如果是脆弱的、很容易被挖掘工具破坏的细黏土建筑结构，那我们就慢工出细活。如果是一口古井，里面全是破碎的陶器和暴雨带来的泥浆，那我们就动作快一点。在电影或纪录片中，考古学家总是拿着小刷子在那儿刷，但实际情况并非总是那样。例如，如果一个古代遗址因洪水而被几英尺厚的淤泥掩埋，我们会用反铲挖掘机这样的重型设备安全地清除淤泥。古城的规模庞大，这意味着我们可以迅速清除一些污垢层，为挖掘更深层的部分（工作较慢、空间更加受限）节省时间。在遗址浅层花费太多时间的话，我们就会没有时间仔细挖掘最深、最古老的文物。在野外工作的最后几天，在探沟的最深处，考古学家经常会发现一些非常有趣的东西。这几乎已经是众所周知的事儿了。

当考古学家有点儿像做木匠：拿着一套标准工具（如鹤嘴锄、小刀和刷子），去任何地方都可以立刻展开工作，发掘历史。在考古工具包中，我们经常加入当地的农业工具，如各种各样的锄头。使用当地的工具和人才，不仅是为了节省运输铲子的费用，我们还需要汇集所有的专业知识。在考古挖掘队中，很多队员在农忙季节就是地道的农民。他们用自己最熟悉的工具进行挖掘，可以辨别出不同的土壤类型，分离出古代生活的不同区域，让我们从中大为受益。他们可以很容易地分辨出洪水沉积物、风成堆积物、废弃古建筑角落堆积的垃圾、古代畜栏里发黑的和被践踏的土壤。对于这些最基本的考古发掘工作，我们有许多方法可以让其彰显于世人面前，比如季末赞助派对，再比如在考古出版物的显眼位置感谢他们。约翰·马歇尔爵士（Sir John Marshall）就是这样做的。在他关于巴基斯坦塔克西拉城（Taxila）的三卷巨著中，第一页就是考古发掘者的名字，以及这句话："我们不要忘记考古发掘者的辛劳和汗水，绝大多数的考古宝藏都归功于他们。"

没有人能像当地农民那样，对泥土的微妙之处了然于胸。对于古代遗迹上面覆盖的土壤，他们比我们有着更深的理解。这也是一种提醒：考古工作不能只靠主管的项目经验和教育经历来驱动。最好的考古团队应该包含各种知识，大学教师和学生提供理论和解释，政府机构成员擅长比较分析，当地人则熟悉遗址周围的具体条件。考古项目往往在时间压力和有挑战性的环境下进行，压力之下，团队工作产生了一种魔力。考古队员在不同条件下经历了各种故事，拥有着共同的回忆，还有大家心领神会的小幽默，难怪考古项目会让人建立毕生的友谊。我们在考古会议上碰面，在研究所的开放日重逢，举杯畅饮，重温过去的日子。记得有一次，我们的考古车跑着跑着车轮掉了；还有一次，我们挖出来一窝蜈蚣，它们从探沟的侧面蜂拥而出，直接钻进了文物收集桶。

我们通过考古挖掘来回答具体的研究问题。例如，为了回答“这个古代城市的作坊和仓库的生产规模有多大”，我们要在地下寻找经济组织所受的影响；为了回答“这个古代城市的人口是否健康”，我们要发掘遗骸、研究骨架。为了解决当地的后勤和权限问题，我们对这些宽泛的学术问题进行了调整。探索大型建筑时，墙壁的痕迹和植被的走向会为我们提供线索；但如果要调查简陋而又无处不在的茅草房、木屋或泥浆房，那过程可就艰苦多了。这些材料易腐，古建筑可能因此所剩无几。还有一种更可能的情况，如果房主的家庭人丁兴旺，他们会对房子不断进行升级改造，导致古老的部分面目全非。茅草房、木屋和泥浆房等建筑组成了古代移民的棚户区，虽然未能长时间存在，但它们仍然以墙线和柱坑的形式留下了考古痕迹。这些痕迹虽然模糊却可辨，只有足够耐心细致的考古工作者用刷子或铲子清除尘土之后，才能发现其中的奥秘。其他类型的考古发现也需要时间。有时候我们需要一件一件地发掘破碎的陶器，然后给每块碎片贴上标签以方便后期修复；有时候我们需要费力地在土壤中筛选，寻找微小的装饰品和碎片。考古学家往往具备长远的眼光和足够的耐心。就如罗马塞韦兰大理石计划，自 1562 年以来，我们一直在寻找碎片，做了很多工作；但目前，我们收集到的文物碎片大约只占总数的 10%，仍然任重道远。

但当我们在探沟中挖掘、刮擦和解谜时，耐心总可以收获回报。古代遗址地上的任意一个坑洞，都有可能包含着信息。考古学家理查德·雷丁（Richard Redding）曾在伊朗的沙拉夫巴德（Tepe Sharafabad）土丘遗址工作。他发现，地上坑洞里的东西不是一次性填满的，从公元前 4 世纪中叶开始，坑洞历经了几个四季轮回才慢慢被填满。他能够发现这一点，是因为看到了一具完整的蟾蜍骨架。这具骨架深埋在泥层中，而泥层堆积的时候这个坑洞必然是敞着的。雷丁推断，蟾蜍骨架能够完整地留存下来，唯一可能的情况就是它在夏蛰过程中死亡了，后来被风和水流带来的淤泥覆盖。蟾蜍被“温柔埋葬”之后，当地居民数年内反复向洞里扔碎片，逐渐将其填满。雷丁和他的同事们仔细地逐层发掘，证明了填充顺序与本地的夏季和冬季活动相对应。

现在的农民和园丁都知道，夏季和冬季的交替不完全具有规律性，不同年份的季节也不尽相同。一些年份可能西葫芦大丰收，你会拿多余的东西来招待邻居或者送人。有些年份则可能下雨太晚或有害虫入侵，田地产出所剩无几，你没有什么可以跟别人分享。随着收获数量和质量的变化，每年丢弃东西的数量也不同，这从肥料堆和厨房垃圾中可以判断出来。以沙拉夫巴德土丘遗址为例，通过垃圾层中幼羊尸骨的相对比例，我们可以看到收成好和收成差的年份之间的差异。尽管丰收年份的庆祝活动也可能引起动物尸骨的数量激增，但研究人员在图片中看到了一些更深层次的东西。夏季干旱预示着冬季饲料的短缺，因此当地人会提前开始扑杀牲畜，这就是当地人的策略。研究人员根据这种策略得出结论，认为古代人的盛宴和庆祝活动掩盖了实际的损失情况。

雷丁发掘古代遗址的经验是一个很好的例证。它告诉我们，挖掘现场无一物可忽略，无一事不重要。被采集的土壤样本会被用于实验室分析，以检测古代生产活动中的颜料痕迹。磷酸盐可用于追踪古代厕所，寄生虫硬卵可用于追踪人类健康。微观分析（包括植硅体、植物细胞壁坚硬的二氧化硅结构）揭示了古代植被的痕迹。除了用于实验室测试的小包土壤，我们还会采集更大袋的土壤样本，把它们放入水筛中。通过这个过程，我们可以修复小鱼和鸟类的骨骼，还可以研究作物和杂草的种子。在古代，这些种子被卷入火中而碳化，因此不曾腐烂，得以保存至今。我们也许会得到一个早已折断的骨针碎片，也许会得到小块的石头碎片（用来制作石刀或磨刀）。有时我们会得到一个小珠子，可能是从项链上掉下来的——它的主人肯定花了几天时间四处寻找，最后不得不承认是丢了。

在发掘遗址时，考古学家常采用时间回溯法，即从地表以下最浅的部分开始挖掘。项目开始时，我们不借助梯子就能在挖沟里爬进爬出，就连游客都能轻易看到发掘的情况。更深层的挖掘则更具挑战性，但让我们能够分析城市遗址的整个演变过程。随着越挖越深，发掘现场逐渐淡出游客的视线。现场通常会变得越来越小，因为我们会策略性地四处探寻，最终找到一个地方（通常是游客不感兴趣的地方）继续深挖。考古发掘的最终目标是所谓的“处女土”，也就是人类占领前存在的、完全自然的地表。漫长而炎热的挖掘季结束时，挖沟可能会变得非常小，有时候小得只能容纳一个人在里面工作。这种情况下，在项目的最后几天，队员们会一起围观还在深处挖掘的幸运儿（或者是倒霉蛋），也会略微担心他的安全。我们会阻止当地的儿童和牲畜靠近，以防他们落入这个深坑。土狗总是特别聪明，会主动远离这个地方。这位最后的挖掘者、孤独的挖掘者啊！在跟上面的人要东西时，他的声音都快被深坑淹没了。我们都希望这件样品可以揭示遗址最早的人类居住时间。

然而，这种看似随机的方法是了解城市起源的最佳途径吗？假设城市随着时间以线性、增量的方式扩张（类似古树的周长随着其年龄而增加），那么我们自然可以持这种观点：最古老的城市一定经历了最长时间的扩张，因此它一定是最大的。这样的话，我们只需要从顶点开始，一直向下钻就好了。但是，如果古城遗址本身太大、难以着手呢？想象一下，在炎炎夏日，挖掘一个像纽约或东京那么大的城市遗址得有多么困难！想通了这一点，你就会同情马克斯·马洛兰（Max Mallowan）在叙利亚（Syria）北部初遇布拉克遗址的经历：

> 1934 年 11 月一个炎热的下午，我第一次发现了布拉克遗址的土堆。当时，我、我的妻子和麦卡特尼（Macartney）先生三个人一起，正在研究叙利亚北部哈布尔（Khabur）和杰格杰盖（Jaghjagha）峡谷的古遗址。走上高耸的陡坡，我们踢开无数的陶罐和其他碎片，精疲力竭，猜不出脚下埋藏的遗址的历史年代……我注意到这个遗址异常宏伟，如果资金足够，绝对值得好好挖掘一番。但是，这个遗址太宏大、太令人生畏了。发掘它之前，我们最好多了解一些周围地区土层的总体分层情况。因此，我

们想找一个较小的遗址，以便更快地得出结果。

像马洛兰遇见布拉克遗址的经历一样，人们在发掘大型遗址时都会更加谨慎，更多地考虑成本、风险和相对价值。后勤风险也会为考古发掘工作带来挑战。如果遗址所在国家的职业安全法律非常严格，或者探沟有沉积物坍塌的危险，考古学家就必须在下坑前修建足够有效的支撑结构。有时，由于当地内涝、农业灌溉或建设现代水坝（会改变整个地区的地下水构造），地下水水位自古以来一直在上升，这使挖掘工作更加复杂。我们团队在印度的西素帕勒格勒赫就经历了这种情况。在向下挖掘的过程中，我们必须使用电动泵清除探沟中的渗水，这是当时唯一的解决办法。我们的田野工作队中有一些本地人，其中有几个是专业的考古挖掘工作者。这样一来，我们的需求和他们的专业知识就有机地组合在了一起。当时我们遇到了一个问题：如何让长长的电线蜿蜒穿过开阔但在挖沟的反冲洗作用下变得湿软的田野呢？我们的田野工作人员带来了创新性思路。第二年，我们在另一个地方挖了一条类似的沟。这一次，我们听取田野工作人员的建议，把挖沟修成了圆形而不是方形，以便侧壁可以更好地承受压力。这个方法卓有成效。每当有同事和学生来访时，他们都会对此啧啧称奇、心存疑问。我们必须不断地向他们解释这种明显非传统的做法，而且还得强调："不，这并不是来自美国的先进挖掘策略。"

要想发掘古代城市最古老、最深处的地层，我们需要挖穿几十英尺的矿床。世界各地的考古学家都明白这件事有多难。事实上，一些考古研究的关键遗址隐藏在最深处，埋在大量碎片之下。这意味着，对于城市生活起源的研究非常困难。学术界有一种所谓的"乒乓球游戏"，就是比谁发现的遗址更加古老（还有一个更重要的相关问题：为什么人们最初要在此定居）。考古人员不断寻找更早的遗址，因此这个游戏也从未结束，胜负则取决于各支考古队伍的耐力和运气。哈拉帕[1]古城是一个很好的例子，它是古印度文明的一部分。在那里，马克·凯诺耶（Mark Kenoyer）和他的美国－巴基斯坦联队经过20多年的艰苦工作，在大型遗址之下发现了一个小区域。这个小区域就是这儿最早的人类定居点。这个早期定居点很快被后来的定居点取代，其遗址隐藏在大量的建筑瓦砾碎片之下，这些碎片代表了城市的成功扩张。

在寻找城市起源的过程中，我们会遇到各种挑战。对于这些挑战，我们还可以有另一种理解方法。将古代城市想象成

① 哈拉帕（Harappa）位于巴基斯坦旁遮普省原拉维河流域，属于印度河流域文明的一座防御性城市遗址，在萨希瓦尔以西约24公里处。——译者注

一个巨大的蛋糕，蛋糕中藏着一个很小的巧克力片，从表面完全看不见；而发掘遗址的过程就像是在蛋糕中找巧克力片。把蛋糕切成片之后，只有一片蛋糕当中有这个巧克力片；如果蛋糕很大，那大多数切片里面肯定都没有。其实切成大片还好，因为你有很大概率获得巧克力片所在的那部分——如果是文物的话，我们就可以进行修复了。更难的情况是这样：假设我们不把蛋糕切成大份（比如切 8 份或 12 份），而是切成非常小的小份，而且从上往下越来越小，像锥形一样。刀碰到盘子时，切下来这份蛋糕的底部就像牙签一样细。如果是这样，你觉得需要切多少次（每切一次都代表一整年的考古努力）才能找到巧克力片（象征最早的人类居住地）？又需要切多少次，才能得出结论这里面并没有巧克力片？

知识和后勤只是挑战的一部分。在考古发现过程中，我们不断吸收新的思维方式、新的数据，还需要给文物贴上合适的新标签。我们不断修订研究架构，具体情况则取决于考古学家的背景、资金和长期投入。发现宏大的布拉克遗址后，马克斯·马洛兰没有贸然开始挖掘，而是转而去发掘一个较小的遗址。在那里，他可以对调查技术进行测试。当然，也有人发现巨型遗址后二话不说直接开始挖掘，像德国考古学家罗伯特·科尔德韦（Robert Koldewey）发掘巴比伦遗址那样。罗伯特·科尔德韦清晰地写道：“发掘始于 1899 年 3 月 26 日，在伊什塔尔门（Ishtar Gate）以北的卡斯尔（Kasr）东侧。”然而，对遗址进行考古学解释却并不容易。13 年后，当他完成挖掘工程时，他承认：“对于各种建筑的功能（特别是与文学来源相关的部分），我的看法在挖掘过程中发生了变化。这是随着研究逐步开展自然而然的结果，并非刻意得出的结论。”

成功挖到古城的最底层时，我们欢欣鼓舞，同时也困惑难安。之所以感到欣慰，是因为我们终于挖到了人类活动的沉积层底部，终于可以把注意力转向其他紧迫的业务上了，如数据记录、拍摄照片、标记准备运往实验室的文物、打包设备，以及让学生准时坐火车和飞机回到学校。如果泥土底层没有任何文物，这意味着我们已经挖到了遗址最古老的部分——城市的“第 0 年”。这件事非常值得庆贺。可尽管如此，我们还是有一种心烦意乱的不确定感。关于最早定居于此的人们，我们真正了解些什么？如果这恰好是一家大院的空白区域呢？如果不远的地方还有别的建筑，建筑下面还有更古老的地层未被发现呢？还有我们收集的放射性碳样本（于项目的最后一天采集自挖沟深处），它是否真的来自人类活动，比如古人的建房或烹饪？如果搞错了，这批碳样本其实跟人类活动无关呢？比如是哪片灌木起火，然后被风吹过来的，甚至是几个世纪后从老鼠洞里掉下来的。

大多数时候，我们只能找到零碎的陶罐或木炭，甚至无法确定是否挖到了遗迹的底部；可就算解决了这些问题，我们仍然难以解释城市的起源。早期的人类居住阶段往往很短暂，就像在现代城市边缘涌现的棚户区。在城市经济中，只要居民改善了生活环境，棚户区很快就会被拆除。现在，那些早期居住地往往只剩下一些地基，需要大量的想象才能重现古代生活的画面。尽管如此，当地的旅游局还是会大力支持早期居住地的考古工作，因为他们希望自己城市的历史越久远越好。在英国约克 (York) 市中心的约维克维京海盗中心（Jorvik Viking Centre），你可以透过玻璃地板欣赏地下的古约克城遗址。日本大阪（Osaka）历史博物馆的地下一层也是考古遗址，这些遗址是在建筑施工过程中偶然发现的。在法国巴黎圣母院的考古墓穴，游客只需要花 8 欧元（一个三明治的价格）就可以看到鲁特西亚（Lutetia）“高卢 – 罗马小镇”（Gallo–Roman town）的一些建筑地基。人们往往以迷惑的目光打量这些文物，心中带着大大的问号：“我为什么要看这些零碎的东西？”其实答案非常简单：因为就只剩下这些了。

考古发掘之外的方法

在很多人的印象里，考古学家整天就是搞挖掘。其实，挖掘并非我们唯一的调查方式。拿古代城市研究来说，城市中心规模庞大、结构复杂，不管挖掘工程的目标多么远大，都只能探索遗址的一部分。为了解决这个问题，考古学家在研究古代城市时通常采用景观考古学方法。通过景观考古学方法，我们既可以研究古城的核心区、纪念碑、寺庙和宫殿，又可以研究城市向外辐射的部分（周围的定居点、提供食物和原料的乡村），还能把二者有机结合起来。这些研究项目被称为考古调查项目。与生物学、植物学和地质学的调查一样，考古调查的目标也是获取知识，采用的方法也是收集数据、在大空间尺度上分析复杂的相互作用关系。

许多古代城市遗址并没有被现代城市所掩埋——例如布拉克遗址、中国的长安城、墨西哥的特奥蒂华坎遗址和突尼斯的莱普蒂米努斯（Leptiminus）遗址。研究这些城市遗址时，除了挖掘，最简单的方法之一就是“踏查法”（即实地步行调查）。顾名思义，踏查法就是步行探索现场、寻找零碎的考古遗迹。我们曾组建了一支 3~6 人的团队，沿着 10~30 英尺的直线穿过现场。为了确保覆盖到整个区域，我们仔细遵从着指南针的引导。每个人的步伐都要与其他人保持稳定同步，手里拿着写字板或 iPad，同时仔细搜索左右两侧的地面。我们关注并记录所有的考古痕迹，包括文物、建筑元素以及生产碎屑（如珠子、陶器、熔渣、砖块和石片）。一天结束的时候，研究人员回到大本营，开始比较笔记并汇编数据。我们日复一日地走过广阔的古城遗址，调查结果也日积月累地逐渐增加。最终，万千线索汇成了一幅完整的图画，描绘出了古代城市居民的生产和消费模式。

各个古城遗址的地表都历经沧桑，或者灌木丛生，或者遭到沙漠风蚀，或者经受了现代农民的开垦耕种。尽管如此，古城地表上仍然残留着古代居民日常生活的文物碎片。一些文物能够留在地表，是因为它们属于最近的居住地；同时，文物碎片不断向上循环，这也使我们能捕捉到城市早期居住地的故事。一些早期材料最终得以露出地面，是因为古人修建城市时形成的不是密封地层。相反，古人通过向下挖掘来搜寻可用的建筑材料、建造房屋地基、挖井……这些活动把更古老的文物带到了地表上。现代城市也有与此类似的地方。街道更换维修沟或深水管道之前，工人需要先挖穿几层路面，然后才能到达下面的百年老管道。当工人们把沟渠里的泥土放回去时，旧材料就会混入其中。这样，当代的物品就很有可能被埋在沟槽底部，而沟槽顶部反而可能出现年代久远的古董玻璃瓶碎片。

除了无意间将旧层与新层混合在一起，古人有时还会故意保留旧东西。正如我们每家都有传家宝一样，古人对旧时代的文物也有一种迷恋。在美索不达米亚，古人经常将古老的仪式物品回收到新的庇护所。乌尔（Ur）古城的牧师埃纳纳吐姆（Enannatum）将文物藏在新的寺庙房间里，以此向有着几百年历史的楔形文字致敬。普通人也可以重新利用旧物，旧珠子可以跟新装饰品一起做成项链，陶器碎片可以做成动物喂食盘，旧的研磨杵清理后可以重新在厨房使用，或者用作门塞。研究古代物品的使用情境时，考古学家会以混合的方法考察年代顺序。对他们来说，这种解释有点儿像一部神秘小说：不同部分是如何在同一个时间点融合在一起的？这些旧物品有什么意义？下次去老人家里做客时，你可以亲身体验一下。在老人的屋子里，你能看到他这一辈的东西，也能看到他的父母辈和祖父母辈的东西，还能看到智能手机和家用电器。你的生活垃圾是另一个例子。在同一天内，你可能扔了早餐的香蕉皮、上周的戏剧票，还有你祖母的一块瓷器碎片。

我们发现的文物无论多么零碎，其意义都不仅限于回答某个特定的问题。有时，它们可以为调查和解释带来全新的思路。在西素帕勒格勒赫，我曾连续 3 年进行地表调查，徒手徒步收集等距抽样的样本（我曾经在无意中听到了当地村民的私下议论，他们认为我是犯罪被判刑，才被发配来这么远的地方寻找这些零碎的小玩意）。我们的调查显示，像金属碎片这样的财富指标往往集中在遗址的某些部分，而较少出现在其他部分。基于不同社区居民的不同社会经济地位，这一结果符合我们的预期。不过，调查结果也有些预期之外的东西，一些被认为可能象征着财富的物品（如抛光陶器的碎片）在整个遗址中分布得相当普遍。这一观察透视了古代城市生活的两个方面。

首先，相同物品的存在表明人们有一种共同“风格”，这种风格跨越社会经济界限，广泛渗透到城市环境中。其次，即使是城市中的低收入家庭，他们也能买得起象征城市生活的“高级茶杯”一类的东西，而乡村居民恐怕是买不起的。

除了以技术性较低的步行和收集为重点的调查，考古学家在研究古城时还利用了大量的新兴技术。从非侵入性地下探测到航空和卫星图像，高科技方法在现代考古工具包中占据着日益重要的地位。其中，最有价值的技术之一就是遥感技术。遥感技术能够帮助我们探索古代生产活动的所在地，从中辨别遗存的建筑、水井和窑炉；还可以检测实体结构之间的差异和空白，从而揭示整个街景结构。磁辐射测量技术也非常有用。利用这种技术，考古人员携带仪器在古遗址中来回行走，地下沉积层的环境可变磁性就被记录了下来。还有一些仪器可以捕获反射回的信号。操作人员首先把信号发射出去，经过不同类型的地下残余物的反射后，信号重新被仪器捕获。电阻系数读取弱电流返回电弧，从而告诉我们地下沉积物的密度。探地雷达则通过雷达波测量密度——雷达波可以探测到地下 15 英尺或更深处沉积物的痕迹，并显示出古代建筑历经的多个时期。

此外，我们现在有了一种被称为“LIDAR”的高科技方法。“LIDAR”是“激光探测与测量”的缩写，在尤卡坦半岛（Yucatán Peninsula）和东南亚等丛林覆盖的地区，这门技术彻底改变了古城研究的进程。它利用飞机上安装的激光扫描仪来绘制地面的地图。尤为可贵的是，LIDAR 技术可以穿透植被，为我们展示小土堆、沟渠、水库和道路等完整景观。在这项技术出现之前，植被覆盖下的这些景观是无法被研究人员透视到的。与其他高科技方法一样，LIDAR 为我们提供了新的数据；但更重要的是，这项技术也催生了新的思维方式和新的解释框架。当考古学家披荆斩棘、第一次调查尤卡坦半岛的玛雅（Maya）城市和邻近的中美洲时，他们只能透过层层树叶看见高大的金字塔和寺庙。正因为考古学家无法看到周围其他的东西，他们才把这些宏伟建筑解释为皇权仪式的标志。多亏了 LIDAR 的出现，我们现在知道，玛雅城市的金字塔和寺庙相当于市中心。这片区域被巨大的“郊区”包围，而郊区则通过广泛的路网连接到市中心。

出于某些原因，有时研究人员无法亲自进入古城遗址。在这种情况下，LIDAR 和其他航空测量技术就会大放异彩。在中世纪古城吴哥（Angkor）考察时，法国－柬埔寨团队使用了超轻型飞机、LIDAR 和卫星图像技术。原因很简单，在这个到处都埋着地雷的国家，实地步行调查是不可能的。近东地区战争和内乱盛行，整整一代考古学家几乎都没有机会亲自前往所研究的地区。哈佛大学教授杰森·乌尔（Jason Ur）在研究生时期研究了古代美索不达米亚的城市。他在学术上的经历完美诠释了“生活给你什么，就利用什么”这句话。他利用20世纪60年代解密的美国政府卫星照片搜索已知地点，并检查周边景观的连接模式。事实证明，黑白图像保存了该地区现代人口繁荣时期之前的地形记录，比今天的数字图像更适合寻找古代特征。他从鸟瞰图上得出结论：内陆的田野和牧场通过放射状道路与古城相连，这与作为道路交通神经中枢的芝加哥和伦敦等现代城市很像。

考古学家创造性地同时运用了调查和发掘方法，正因如此，我们才获得了密集而广泛的城市化考古证据。就算对某个遗址只进行了很少的调查，我们也能从附近地区收集到足够的信息，从而形成一个比较数据集。这个比较数据集描述了城市居民的所作所为，更重要的是，它也能够帮助我们解释城市出现的原因。考古学家努力地探索最大的遗址，只为寻找“为什么会出现城市”这个问题的答案。马克斯·马洛兰最终说服自己开始发掘布拉克遗址，该遗址后来被公认为是世界上第一个出现的城市。然而，探索过程中的他并不孤独。他的妻子是侦探推理小说家阿加莎·克里斯蒂（Agatha Christie），她经常陪同马克斯·马洛兰去考古现场。马洛兰也常常在书中提到妻子，感谢她对自己的帮助，称她是自己的总助理和现场摄影师。当然了，克里斯蒂也有自己的一些“小爱好”。琼·奥茨（Joan Oates）最近在布拉克从事考古发掘，她向我分享了一个故事。克里斯蒂曾来到考古现场，兴致勃勃地向大家发出号召："走，我们去野餐吧！"对克里斯蒂和马洛兰这对夫妻来说，他们的人生就像在撰写一本侦探小说，考古学和文学还真是"相依相伴"了。为了吸引读者敏锐地寻找过往事件的线索，他们编造了一些故事，不断用猜想和解释把偶然的假设合理化。其中，最大的谜团还是这两个问题：城市为什么会出现？城市出现之前又是什么样的？

布拉克遗址，雪花石膏眼睛神像

第四章　城市诞生之前

人们往往认为，要想寻找城市起源的考古证据，最佳地点是在古城之下。然而，这种想法可能是错误的。也许我们应该把目光投向城市之外的地方。毕竟，即使是在实地挖掘的过程中，我们也很难窥见古代城市早期居民生活的原貌。就算一路挖穿古城遗址多个时期的地层，我们还是无法获知人们来到某个特定地点的具体原因。一座城市最初被建立起来，可能仅仅因为它便于贸易、采矿或集结军队。但这之后，它可能在一两代人的时间内（虽然这段时间在考古年表中就如眨眼一般）迅速成长，发展出其他能够吸引人的因素，例如某种制造业的发展、教育机构的出现或政府的选址等。新移民很快就会破坏或翻新初代建筑，让现代的考古学家无法追踪最早发生的事情。

那么，在城市这种高活力、多功能的居住点出现之前，人们都在做些什么？曾经，在人类超过百万年的历史中，唯一的居住形式就是分散的小村庄。然而在远古时期，某些地方时而会出现庞大的人类群体，这些群体比任何一个村庄的人口都多得多，构成了城市空间发展的蓝图。这个地方可以是夏天阳光灿烂的山口，在那里，人们有机会相遇并结成伴侣；可以是河流交汇之处，在那里，人们同时享有贸易路线的便利与作物丰收的潜力；可以是一片神秘的圣地或森林，人们因共同的目标聚集在一起。朝圣活动总是发生在一年中较好的季节，人们可以穿着轻便衣服、拿着随身物品。他们心情愉悦、轻装上阵，期待在聚集而来的人群中找到贸易或爱情的机会。

参加临时聚会可能会为我们的祖先带来一些不便和不确定性。新来的人需要有人帮忙，找到睡觉、吃饭和喝水的地方。他们不得不向其他人询问：约定的洗浴和洗手场所在哪？是否有确定的聚会和敬拜时间表？除了庄严的仪式活动和严肃的贸易谈判，厨师还得为这些饥肠辘辘的群众提供食物。宴会可能会吸引谄媚者和马屁精，也会引来流浪狗和许多其他害虫（如苍蝇）。其间也会出现不方便的时候，比如有人感到晕眩、口渴或者不舒服。几天的宴会之后，营地周围的土地会因践踏而发臭，但人们似乎并不介意——因为无论如何，他们很快就会回家，垃圾全部留下就是了。回到村庄之后，参加过活动的人会给其他人讲述自己的经历。这些故事可能包括旅程的艰辛和尴尬的时刻，这些正是他们去过那里的证明——不舒服的回忆可以给故事带来真实感和幽默感。

在所有的古代仪式场所中，最引人注目的是位于土耳其南部炎热干燥的平原上的哥贝克力石阵（Göbekli Tepe）。该地区接近叙利亚边境，夏天很容易达到120华氏度的高温。我曾在迪亚巴克尔省（Diyarbakir）进行了实地考察，项目主任蒂姆·马特尼（Tim Matney）坦率地说："天气太热了，什么事都得尽量赶在早上10点之前做。"1万年前，这儿的环境可能也像现在这样严酷，但是哥贝克力石阵的建造者采用了聪明的方法来应对。他们主要在春天和秋天活动，在这两个季节捕猎、聚集、过社区生活。他们对于社区的奉献最明显的标志是高耸的石柱。这些石柱构成了一个圆圈，被认为是世界上最早的仪式性结构。查尔斯·曼（Charles Mann）充满诗意地将其称为"人类建造的第一个比棚屋更大、更复杂的结构"。

哥贝克力石阵的石头是从附近的山坡采石场拖来的，这种行为本身就已经令人吃惊了，更不用说这些石柱还远不只是大岩石那么简单。开采后，建造者精心塑造这些岩石，再花费无数个小时进行挪动和安置。之后，雕塑师在石柱上刻出了原始的、生动的动物形象。这些动物形象以浅浮雕为特色，包括当地几乎所有种类的野生动物，例如秃鹫、蝎子、瞪羚、公猪、蛇和狐狸。这些艺术形象得以保存下来，弥补了我们考古记录中缺少的类型。因为古人在木材等易腐材料上可能也有类似的雕刻，但这些易腐材料上的雕刻很难像石雕一样保存下来。石柱装饰中的其他动物和鸟类风格略有不同，明显出自不同的雕塑师之手，这说明有很多人为哥贝克力石阵的建设作出了贡献。这种效果让人联想到其他更近期的仪式建筑，如欧洲大教堂，它也是许多专家与数百名劳动者合作多年的产物，具有类似的风格和形式特征。

哥贝克力石阵的所有建造者通过集体努力创造的作品成了世界上最美丽、最神秘的古代宗教场所之一。哥贝克力石阵是已知记录中最早的人类社区建筑，而且它完全没有借助牲畜或机械的力量，全靠人们的手和脚来完成。然而，这些还不是它最令人惊奇的地方。事实上，雄伟的哥贝克力石阵建造完成之后，建造它的人故意将它埋到了地底。完成了非凡的工作之后，他们做出了完全不合逻辑的行为，好像要故意将之遗弃，然后重新开始修建。他们把已完成的建筑埋起来，然后重新开始工作……这种循环不只出现了一次，而是出现了好几次！在哥贝克力石阵，考古学家发现了至少 4 次圆柱结构的迭代，进一步的挖掘肯定会揭示更多。对于建造该遗址的古代雕塑家和工匠来说，最重要的似乎是“建造”这一行为本身，而不是建造完成的成果。即使在工程完成之后，来这里的人们也将其视为“正在进行的工作”，认为其物理整体性存在明显缺陷。一个人永远无法踏入同一个哥贝克力石阵两次。对于建造石阵的每一代人来说，他们必须完成工作，然后将其掩埋，以此来迎接新事物。

我们对巨石阵（Stonehenge）可能比哥贝克力石阵更为熟

悉。与之类似，巨石阵也有持续更新建筑活动的景观。一般而言，我们认为巨石阵是索尔兹伯里平原（Salisbury Plain）上独特的标志性景观；但考古研究表明，巨石阵是一个更大的仪式景观的一部分。这个景观经过了1500年的演变，巨石阵被其他仪式场所包围，包括奥布里洞（Aubrey holes）、巨木阵（Woodhenge）、西尔布利山（Silbury Hill）和埃夫伯里石圈（Avebury），横跨20英里[①]，相当于一整天徒步旅行的距离。伦敦大学学院教授迈克·帕克·皮尔森（Mike Parker Pearson）领导的研究小组采用了一种景观研究方法，利用遥感技术和地球物理调查，对这些遗址之间的联系展开了研究。使用高科技手段的同时，这支团队也对宗教景观进行了重新思考。在这里，每一代人都在世俗乡村的生活景观中重新构建并使用巨石阵，古代朝圣者的规划布局和景观学习过程延续了数百年。在此期间，数十代人来到巨石阵定期举行纪念仪式来追忆死者，并参与到宗教环境的创造之中。

巨石阵位于一片荒凉的草地上。即使在今天，它的附近也没有城市。从远古时代至今，那些令人敬畏的、用于宗教崇拜启蒙的岩壁或洞穴，从来不会天然形成，一定是由人类创造的。不管从哪方面来说，巨石阵都是以人为主导的创造，是人

---

① 1英里≈1.61千米。——编者注

们将宗教仪式掌握在自己手中的结果。通过沟通和计划，巨石阵的建造者在人类世界和神圣领域之间创造了独特的、劳动密集型的“桥梁”。这些石柱成了朝圣往来的固定的标志性地点，起到了类似于地图的作用。每一代人都在强化这个地点的象征意义。有证据显示，石阵一直处于重塑之中。因此很明显，古人认为建造行为本身与成品同样重要。通过建造，每一代人都能为社群贡献新的东西。在从事这些工作的过程中，人们与其他朝圣者交往，其中不乏陌生人。为了共同的宗教愿景，不同村庄的人聚在一起，共同努力完成了这座宏伟的建筑，而他们所属的任何一个村庄都无力单独完成。

在哥贝克力石阵和巨石阵等地，人类选择并发展了新的朝圣地。但是，这并不只是一群人聚在一起，只靠体力就能完成的壮举。石阵和寺庙（以及后来的大教堂、修道院和清真寺）这样的仪式性空间是各种专家之间交流的结果。工程师、建筑师和工匠必须在设计的初始阶段就达成一致；在随后的改进、维护和使用过程中，他们还必须就形式和功能达成共识。从凿石头到运输和安置，团队成员在整个建造过程中都会积极探讨各种问题。应该从小圆还是大圆开始？在冉冉升起的朝阳下，在正午刺眼的光线下，哪个角度的石头或动物装饰品最适合被看到？运输石头时，是应该拖还是滚？斜坡、楔子或绳索是运送石头的最佳方法吗？

对建筑的设计达成一致后，有人会被任命为负责人，其职责就是对各项活动进行监督和决策。他需要解决一系列的问题：谁有能力雕刻采石场弄来的巨石（之前所有人都只会雕小石头）？在劣质绳索、丘状地形和恶劣天气的挑战下，谁能够搬运石头穿过大陆？搬石头的人是否也应该负责放置石头？还是要另外选择一组人来单独负责？除了建筑工作团队，他们还需要其他人。有人需要从事狩猎、采集或种植，以获得足够的食物来养活建筑工作者。还有人可能需要照顾团队成员的体弱者、老年人及小孩，让他们能够完成简单的任务，并确保他们不受到伤害。大型庆功宴也需要专业的管理知识。必须有人收集燃料、搅拌烹饪锅，并且在用餐结束前阻止家犬来捣乱。

如果负责人在项目结束之前就死了（这么小的团队却要完成巨石阵或哥贝克力石阵这样的大项目，负责人几乎都会死在项目结束前），谁来接管以后的工作？以后可以在多大程度上修改原来的设计方案？项目什么时候可以正式宣告完成并投入使用？所有这些因素都会导致一个结果：他们需要大量的对话和交流。交流者的范围远远超出负责者和各项活动的组织者。这些关于宗教景观的讨论，最初可能完全集中在仪式建筑本身；但它们也存在一些微妙迹象，暗示了人们在更大的景观中生活的方向。道路开辟之后，沿着道路行走比在不平坦的地面上另辟蹊径更加容易，可以避免绊倒或摔跤。有了集体火炉之后，很明显一些人会经常去那儿，而小孩子则不会。有了墓地之后，人们默认以后的所有葬礼都将在那里进行。有了垃圾坑或垃圾堆之后，垃圾不再散布各处，这些垃圾堆会引起人们对预期行为模式的注意。

仪式场所通过召唤神圣的宗教力量或强大的自然力量，缓和了部落之间的紧张局势，消除了乡村生活的孤立。如节日一般的气氛提供了更多交换商品和服务的机会，也让人们可以学到有关工具、药品以及狩猎策略的实用新知识。四面八方的年轻人聚在一起，他们有了更多的恋爱选择。不过，仪式性场所也只是一个临时居住地，不用担心长期居住才会产生的问题。人们可以自己携带几天的食物，等到朝圣地点变得一片狼藉的时候，人们也刚好应该回家了。总之，仪式性场所似乎提供了人类所需的一切。那么，为什么今天的世界却遍地都是城市，而非遍地都是哥贝克力石阵或巨石阵？

仪式场所和朝圣地点可以满足社会和经济需求，但它们有两大缺点：首先，它们被设计为非永久性的场所，因此，一旦大家散场回家，之前的一切欢乐、成就、社会互动、与陌生人的接触将全部化为乌有。所有来访的人都要回家，有时候是因为有新的朝圣者要来，有时候只是为了让季节性的风雨把这个地方“打扫”干净。其次，宗教活动无法维持每个人的生计。人们为了生活都得找点活儿干，但这儿除了祭司和巫师，很少有人可以找到工作。再说，不管这里的宗教仪式多么令人敬畏，大多数人并不想放弃世俗生活的快乐。城市成了人类互动的“甜蜜交汇点”，把“个人机会”和“地点永久性”结合了起来。

史上第一个城市

像其他学科一样，考古学家有时也喜欢玩“第一个”和“最古老”的游戏。我们关注的是哪个地点最早展示了城市的所有特征，如人口稠密、经济多元、世俗建筑以及差别化的社会阶层。关于这些特征，我们能找到的证据很少。因为正如我们所见，古代城市的初始定居点深深埋藏在后续定居点的地层之下。因此，我们加大了一些东西的解释权重，比如古代运输工具的碎片、一小块木炭的放射性碳年代，或者挖沟最深处一些散落的种子。有时，我们只能在事件发生之后，或通过其他现象做“代理”才能观察到某些现象（如超新星或地球上的生命起源）。类似地，我们可以通过观察城市的动态来更好地了解城市的起源。而且，城市的发展是一个无数人共享的过程，而不是某个时间点突然发生的大转折。因此，寻找第一个城市的过程更像是玩室内游戏，倒不像是一个严肃的学术问题了。

但为了讨论方便，如果我们硬要选择一个“第一”的话，目前的最佳候选地就是马克斯·马洛兰发现的布拉克遗址了。

在被挖掘出来的寺庙、房屋和街道留存的痕迹中，我们仿佛可以看到6000年前，在叙利亚北部尘土飞扬的平原上，布拉克古城古老而庄严地矗立着。在著名的美索不达米亚“文明的摇篮”中，布拉克古城是具有城市特征的最古老的遗址。我们对它进行了长期调查，现在终于可以完整地讲述这个故事：人们是如何第一次勇敢地在城市里永久定居的。布拉克古城的居民有些来自当地村庄，有些则是来贸易的农民和牧民。他们一个接一个地来此定居，是建立新形式社区的先驱。这样，他们创造了全新的城市和乡村二分法，而这两个概念的隐含区别在今天仍然存在。城市的创造并非出自集体的不计名投票，而是人们之间彼此交流、遭遇的结果，带有极强的个人性和目的性。人类历史上第一次，人们生活在陌生人中间，而不是一辈子的熟悉面孔中间。人类历史上第一次，人们没有直接控制所有的食物供应，因为城市空间太宝贵了，人们无法在家中饲养太多牲畜或种植太多谷物。人类历史上第一次，人们有机会进行个人创业，不依赖在土地上工作来提高社会阶层。

对于布拉克的第一批居民来说，去城市定居貌似不合逻辑。他们要生活在一个气候炎热、尘土飞扬的地方，邻居众多，还没有本土供应的食物。是什么让他们突然接受了这些呢？答案还得从哥贝克力石阵的遥远记忆中寻找。在哥贝克力石阵，人们希望能有一个永不散场的大节日、大聚会。同样，布拉克的人们也有了这种希望永久性的想法。因此，从某种意义上讲，他们把自己投入了新的社会和经济模式中，变得比以往任何时候都更加繁忙。他们的活动不仅包括新的创业形式、贴近陌生人的新生活策略，还包括城市中那些耀眼的新宗教建筑工程。最令人惊奇的新城市宗教建筑之一，就是马洛兰于1937年开始挖掘的“眼庙”（Eye Temple）。它之所以被命名为眼庙，是因为那些眼睛。随着不断地深入挖掘被埋没已久的寺庙废墟，马洛兰发现了成千上万个小雕像。这些小雕像的眼睛大得有点恐怖，身体则像是一个抽象的几何体，仿佛在泥土中盯着他看。有些小雕像是单独的，还有一些是成对或成群出现的。有时候，同一块板上会同时出现较大的雕像和较小的雕像，就好像它们是夫妻或家庭一样。无论如何，雕像上的人总是瞪着眼睛往前看。这些雕像究竟有什么含义？我们只能进行猜测。它们是监视人类的神吗？还是参拜神明的人？或者，它们可能在互相看着彼此，眼神中带着虔诚、兴奋，也许还有点儿怀疑？

考古学家马克·凯诺耶观察到，把眼睛风格化，做成护身符的样子，这正是城市人发明的，因为城市中的人必须要有足够的警惕性。在村庄里，人们只需要关心自己和家人的眼睛。毕竟，村民们一辈子就认识这几个邻居，他们也会永远认识你。他们清楚你拥有多少财富，因为他们能看到你从田里收获的谷物数量，还能推测出你家牲畜的下崽数量。他们清楚你拥有的每一件装饰品，因为他们能看到你在家门口与小贩进行过交易，还能看到你在婚礼当天接受大家的礼品。你也清楚，如果你丢了哪件饰品，它绝不会突然出现在你邻居的脖子上——因为这会引起几代人的报复。各种信息，无论好坏都是公开的，隐藏资产是一项不可能完成的任务。

相比之下，城市居民却不可能认识周围的所有人。城市人口多、流动性强，且新移民不断涌现。城市居民的资产很可能是小型的便携式物品，如钱、饰品或贵金属。因此，相比农村人的谷物和牲畜，城市居民的财产更容易被偷走。难怪布拉克人要在寺庙中搞这么多眼睛，就是为了提高警惕，保证安全。在其他城市中，眼睛这种意象也在扩散，最常见的是模仿人眼的石珠子。买不起石珠子的人可以选择彩绘黏土、滑石或彩陶制成的廉价仿冒品。人们佩戴并展示这些珠子，让周围的每个人都可以看到它们。这是一种无声的宣示，表明自己的信仰，也向财产受托人展示自己的态度。即使在今天，视觉也是你在城市中最敏锐的感觉。你的耳朵会习惯噪声，你的身体会习惯路人的碰撞，你的味觉和嗅觉都会因灰尘和烟雾而变得迟钝，唯一敏锐的就是你的视觉，它唤醒了我们血脉中对陌生人的警惕。每当我们通过猫眼看向门外时，祖先的这种警觉就会复活。

马克斯·马洛兰在布拉克遗址发现了无数的眼睛雕像，考古学家在其他地方修复了无数模仿人眼的珠子，这表明人们并没有回避城市化的挑战。人们没有逃避城市带来的危险和烦恼，反而拥抱这种新的定居点，同时也想出了新的应对方式。这些应对方式不仅包括便携式的装饰品（让人们在周围环境中感到更加放心），还包括许多非象征性的、更实用的创新。人们建造基础设施，带来了干净的水，处理掉了垃圾。人们还建造了防御性的城墙，将自己封闭在城市空间的安全范围内。人们发明了街道网络，使自己可以在房屋、商店、专业仪式场所和政府建筑之间自由流动。

此外，城市是由人类创造的，它并不局限于某种地形。城市可以地处沙漠，也可以地处海滨；可以位于山脉，也可以位于河流三角洲；可以安于绿洲，也可以安于高原。人类的创造力超越了任何特定环境的局限。正如我们所看到的，城市以建筑物、人行道和公园大道的扩散来占领整个景观，用自己独特的方式将自然世界包含在内。区域内一旦有一个城市兴起，很快就会有其他城市协同发展。我们可以回到布拉克遗址的故事，看看在美索不达米亚地区，城市网络最早是如何形成的。在那里，城市化的曙光出现了，伴随着其他拥有相同语言和文化的城市共同兴起。在美索不达米亚的北部，布拉克成为北方人的长久居住地；与此同时，在美索不达米亚的南部——底格里斯河和幼发拉底河涌入波斯湾之处，人们还发展出了像乌尔和乌鲁克（Uruk）这样的城市。底格里斯河和幼发拉底河现在位于伊拉克（Iraq）平原中部，宏伟壮观，蜿蜒曲折，为沿岸城市提供了便利的交通连接。它们还是灌溉用水的来源，周围村庄的人们因此能够产出小麦、大麦、牛、山羊、斧头和羊毛，支持城市中心的生活和发展。

与布拉克古城不同，乌尔古城不需要“重新发现”这一过程。乌尔古城拥有巨大的中央仪式建筑——宏伟的金字塔。在古城中央，金字塔巍然矗立，从广阔的远方向考古学家招手致意。乌尔古城的后续研究是20世纪早期那些成果丰硕、涉猎广泛的考古研究中的经典项目。当时，学者们争先恐后地想要得到各自国家的考古大奖。1922年，在埃及尼罗河沿岸的阿玛那（Amarna），英国考古学家伦纳德·伍利（Leonard Woolley）与大英博物馆（the British Museum）和宾夕法尼亚大学（the University of Pennsylvania）的研究人员联合展开了考古挖掘活动。对于近东文明的考古挖掘来说，那已经是一个丰收年了：弗兰兹·卡蒙特（Franz Cumont）开始探索叙利亚古城杜拉欧罗普斯（Dura-Europos），霍华德·卡特（Howard Carter）发现了图坦卡蒙（King Tut）陵墓。虽然竞争对手不少，乌尔古城还是凭借其规模和范围脱颖而出。伦纳德·伍利被乌尔古城所吸引，在那进行了十多年的实地考察，并在此过程中赢得了英国骑士勋章。

伍利关于乌尔古城发掘的出版物中，不仅包括通常由考古学研究产生的学术书籍，还包括一本非常受欢迎的普及性读物。在 1929 年发行后的一个月内，这本书已经印刷了第二版。尽管它的行文略显老套（但有时正因为这样才有意思），但是这本《迦勒底的乌尔古城》（*Ur of the Chaldees*）给我们带来了很多考古挖掘的第一手资料。他多次将乌尔古城遗址与该地区的圣经历史联系起来，称其为“亚伯拉罕之城”。他对遗址中的寺庙和宫殿进行了观察，其中的一些成果——比如他对宁迦尔（Ningal）女神神庙发掘的描述——在今天仍然能够引起人们共鸣，令人耳目一新。宁迦尔女神神庙侧面的尺寸为 240 英尺，于公元前 1885 年左右被埃兰人（Elamites）劫掠，之后进行了重建。因此，它称得上是“多次建造”的成果：

> 内院和圣殿遭到了极大的破坏，但好在剩下的部分也足以向世人展示内院和圣殿内的祭坛……挖掘工作非常困难。重建墙壁的地基几乎与原始的古建筑一样深；而在一些地方，古建筑实际上已被重新使用，只是在古老的砖块上面贴了一层新的墙。拆开被毁的砖墙，并确定每个碎片的正确时期，这并不是一件容易的事情。但做这些工作的时候，我们发现早期的建筑结构非常规则，

表面上的混乱只是一个鲜明的特征。

除了在寺庙和其他建筑物中辛勤工作，伍利的团队还发掘了中产阶级的房屋、蜿蜒的道路、开放空间和庭院，这些建筑散布在拥挤的穷人住宅之间。乌尔古城受到的关注度较高，它也是世界上少数几个由考古发掘揭示出街区全貌的古老城市之一。此外，乌尔古城还有其他值得关注的东西，例如奢华而残忍的皇家墓穴（证明了上层统治者的存在）。普阿比（Puabi）女王墓就是其中之一，它设计精良、设施齐全，里面埋葬了大量殉葬的仆人和动物。

乌鲁克是美索不达米亚地区另一个著名的古城遗址。它距离乌尔古城只有40英里，古人在幼发拉底河坐船一天就到了。德国东方学会的研究人员从1912年开始探索乌鲁克，发现其最早的居民不仅专注于解决日常城市生活中的实际问题（例如保护他们的财物安全并建造了世界上第一个室内厕所），还用仪式性建筑为城市增添光彩。在乌鲁克的一个土堆中，研究人员挖出了伊南娜（Inanna）女神的一座寺庙。这座寺庙包括多个时期的建筑，结构日益复杂，证明了居民对同一宗教跨越时间的热爱。乌鲁克的古代建筑团队也在其他地方忙碌着，他们建造的巨大的城墙，从太空中拍摄的卫星图像中都能辨认。卫星图像还显示，这座城市位于庞大的古代运河网络的中心，这些运河为农民提供灌溉用水，并为城市居民提供饮用水。城市基础设施的建设需要数万人的劳动，还需要数百人来负责管理。管理者需要把劳力有效地组织起来，完成各种工作。他们用当地丰富的黏土制作泥砖，获取建筑屋顶的木材，并确保工程结构在修建过程中保持稳固。作为回报，这些中层管理人员享有额外的声望和更高的薪水。

除了布拉克、乌尔和乌鲁克，美索不达米亚的中心地带还有许多浪漫的城市，如拉格什（Lagash）、马里、乌尔卡什（Urkesh）和巴比伦。这些大都市蓬勃发展、各不相同，但乌鲁克在其中的地位最为特殊。今天，全球各大城市之间也会展开竞争，其中巴黎和纽约被视为现代都市生活的领军者。不管是花式家具还是纪念品咖啡杯，巴黎和纽约都拥有自己的品牌。在古代，来往船只相当于今天的手提包和T恤。它们从海上带来由石头和泥土制成的日常用品，将人们联系在一起，形成城市风格。乌鲁克的陶器制作精良，优美的线条之间穿插着自然图案（如鸟和北山羊）。公元前4000年，乌鲁克陶器穿过美索不达米亚，被运往伊朗东部，成了考古学家定义整个美索不达米亚文明时代的基础。除了可以帮助我们了解古代的美索不达米亚城市，乌鲁克文化的魅力还在于为现代近东地区赋予了超越国界的社会历史连续性。这意味着，今天伊朗、伊拉克和叙利亚等国家之间的边界，只不过是整个近东文明人为分界的一种表现。

在古代近东地区，国家的划分并不是唯一的谜题。许多年前，研究人员在调查美索不达米亚最早的城市化进程时发现，该地区是世界上一些最重要的植物（如小麦和大麦）最早种植的地方，也是牛、绵羊、山羊等重要动物最早驯化的地方。沿着扎格罗斯山脉（Zagros Mountains）的曲线，这一地区被詹姆斯·亨利·布雷斯特德（James Henry Breasted）等考古学家热情地称为“肥沃的新月地带”。[①] 从地形和雨影的静态地图中，我们可以读取到人类的成功。虽然这一地区理论上应该是沃野千里，但研究人员在野外考古工作中却遭遇了很大的困难。想一想，顶着烈日爬到山顶后，马克斯·马洛兰精疲力竭，已经无力关注布拉克遗址的年龄了；还有前面提到的，蒂姆·马特尼也被热怕了，建议上午 10 点之后不要做任何工作。与理论和预期相比，美索不达米亚地区的现实环境对于建造城市来说还是十分艰苦的；毕竟，如果城市是为了更多的人做更多的事，那么第一批城市应该出现在天堂般的地方。

相反，布拉克、乌尔和乌鲁克等城市出现在了条件没那

---

① 肥沃的新月地带（Fertile Crescen），指西亚、北非地区两河流域及附近一连串肥沃的土地。由于其分布在地图上就像一弯新月，美国芝加哥大学的考古学家詹姆斯·布雷斯特德将这一大片土地称为“肥沃的新月地带”。——译者注

么好的地方，这似乎有点儿讲不通。布拉克周边的美索不达米亚北部地区气候炎热干燥，农业收成极其不稳定。在美索不达米亚的南部地区，乌尔和乌鲁克的城市居民偶尔还会遭遇洪水和其他灾害。底格里斯河和幼发拉底河的下游全是沼泽湿地，没有任何石头资源。无论是搭建建筑、造珠子或做磨石，人们使用的每一块岩石都来自远方的山脉。有一些石头，比如在乌尔的普阿比女王墓中发现的红玉髓，要从印度那么远的地方运来。对美索不达米亚中心的许多其他城市来说，农业、水和日用品等各方面都存在着类似的挑战。

正如我们在沙拉夫巴德土丘的洞穴中看到的那样，理查德·雷丁找到了周期应力的证据：牲畜屠宰、农业生产力随季节剧烈波动。对于在该地区工作的考古学家来说，“肥沃的新月地带”这个概念越来越失去了意义。考古工作者一直认为美索不达米亚的环境适宜建造城市；但在当地度过一段艰苦的时间后，他们开始意识到，这里的环境其实颇为恶劣。考古学家托尼·威尔金森（Tony Wilkinson）和同事们重新诠释了“肥沃的新月地带”这一概念。他们不仅承认了变幻无常的当地气候对城市起源的影响，还带来了一个引人入胜的想法。也许，美索不达米亚之所以能成为著名的城市发祥地，并不是因为它的自然条件有多好，反而是因为它本身很脆弱：想要获得成功，人们必须更具创业精神、更有创造性、更加相互依赖。

米哈里·契克森米哈认为“流动”是“限制”的产品；应用这个概念，我们能够理解古代城市居民在充满挑战的环境中获益的方式。与其他城市连通是所有城市获得成功的关键，它为城市赋予了发展可持续性和环境可持续性。每个新城市都会给这个网络带来更多的东西，这乍一看就像是一个巨大的庞氏骗局一样。然而，城市景观互相连通所带来的好处不是单向传递的，相反，每个城市都与当地环境紧密相关。城市景观的相互连通引入了大量的食品和商品，并且吸引人们来到城市的新兴行业中工作。杰森·乌尔的古代美索不达米亚城市卫星图像显示，进出这些古老遗址的道路不只有一两条，以古城核心为起点，存在着数十条道路。这些道路像轮辐一样，每一条都连接着外围的社区。这样的结果就是：一个城市总能从某个地方获得食物。如果出现局部作物歉收、战争或棘手的叛乱，某个供应链被打破，进而导致供应中断，那么也没关系，还有许多其他方向的供应链可以给城市供给食物。所以说，城市扩张不仅改变了他们自己当地的生态，而且带来了整个地区的变化，具有级联效应，能够支持附近和远处其他城市的发展。每一个城市都为整个区域的城市扩张提供了持续的支持网络，这种方式不同于简单的集聚效应。因此，世界上只有一个哥贝克力石阵，但在美索不达米亚的后续发展中却出现了许多城市。

在美索不达米亚，城市不是单一实体，而是作为城市互联网络的一部分开始出现的。美索不达米亚不是唯一出现这种效应的地方。1000 年前，玛雅王国的城市之间出现了经济、社会和宗教的互动。丛林之中，凸起的道路连接着不同的地点，这是我们观察城市之间联系的重要线索。LIDAR 调查显示，在整个墨西哥南部和中美洲，古老的道路交错纵横，最长的超过 50 英里，堪称“古代高速公路网”。在公元前 1000 年的印度次大陆，早期城市形成了一个由 100 多个城市中心组成的群落（这些城市中心通过陆路网络相连通）。在罗马，人们通过水上运输将几十个城市连接起来，将地中海变成了“我们的海”——这种说法充分表达了他们轻松、自信的主人翁意识。

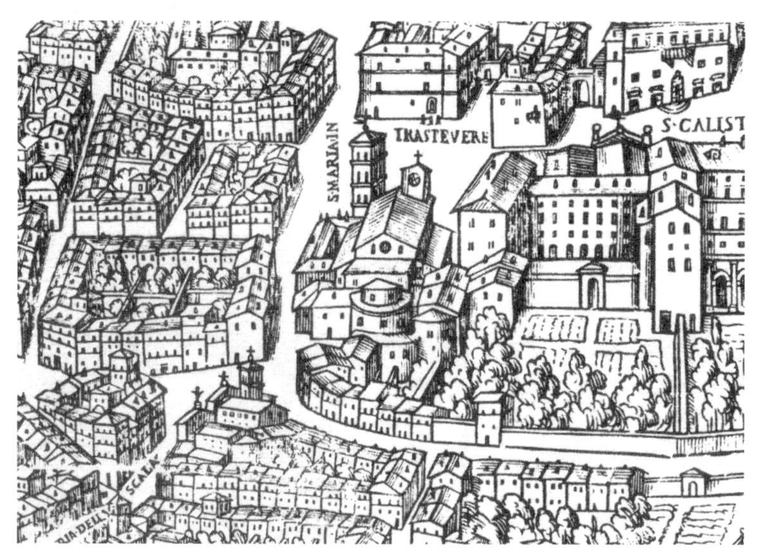

乔瓦尼·马吉（Giovanni Maggi）的古罗马地图，公元 1625 年

第五章　构建城市的基石

起初，布拉克不过是美索不达米亚山丘上一个不起眼的小地方，蒂卡尔不过是玛雅丛林深处的一个十字路口，特奥蒂华坎不过有些黑暗的地下洞穴，西安不过有一条河流蜿蜒穿过无尽的山丘和农田。6000 年前，这些地方之所以能够变成城市，其原因不在于地质或地形，而在于它们成了人类定居的锚点。人们在这些地方环顾四周，发现有一些条件似乎“恰到好处”：也许有一条河流穿过，也许有祖先留下的“神圣石头”，也许有可以让旅行者休息的温泉，也许有适合农业发展的广阔沃野，也许附近的地形方便牧民、农民和渔民交易商品。当然，也有可能这个地方并没有什么特别明显的优势。这就不禁让人疑惑：为什么城市会在平平无奇的地方出现呢?

正如我们在美索不达米亚看到的那样，在意志和规划的协同作用下，人们将最不可能的地方变成了繁华的大都市区。无论过去还是现在，几乎每个城市的居民都遭遇过偶然或持续的阻碍。受周围沼泽地和水道的影响，古罗马人曾经饱受疟疾之苦。现代孟买的向外扩张受到其港口所在半岛狭窄颈部的阻碍。除了日常的小问题和小风险，城市偶尔也会发生大型灾难性事件，例如历史上袭击了新奥尔良（New Orleans）、休斯敦和马尼拉（Manila）的热带风暴，还有破坏了巴姆（Bam）等城市以及整个环太平洋火山带的大地震。当然，还有一些人为原因造成的城市灾难，例如战争、长期骚扰和内部动乱。然而，正如美索不达米亚肥沃的新月地带一样，供应和通信网络产生的弹性弥补了城市的脆弱性。

城市能够长期存续的原因，也是它们当初能够建立起来的原因。我们可以确定 4 个先决要素，这些要素是创造和维持大都市生活的必要前提：①以语言为工具，在事情发生之前进行预设；②人类的迁徙倾向使我们能够不断适应新的环境；③不管是在抽象方面还是实用方面，人们都对商品有很强的依赖；④将建筑作为激发创意和进行创新的场所。这些要素结合在一起，不仅使城市成为人口集中的唯一可行形式，也使城市成为其他新现象的孵化器。这些新现象包括：大规模的生产和消费经济，基础设施（如道路、桥梁和供水）的发展，中产阶级（城市生活必要的管理者和消费者）的出现。

健谈的祖先

在人类最古老的亲戚——420 万年前的南方古猿身上，我们找到了人类集体动员的种子。1974 年，人们在埃塞俄比亚

（Ethiopia）发现了著名的“露西”（Lucy）骨骼化石，这是南方古猿的典型代表，也是最早的能够直立行走的灵长类动物，丰富了哺乳动物的名录。双脚用于行走、双手用于携带，这种体力劳动的划分让人类拥有了处理多种任务的能力，最终使他们的后代（也就是我们）能够进行越来越复杂的计划和行动。然而，南方古猿似乎谨慎而恋家，他们从未迁移到其起源地所在的非洲平原南部和东部之外的地方。尽管拥有能够探索世界的双腿，但他们可能缺乏意志、勇气，或者认为没有必要。

100 万年前，南方古猿发展出了更复杂、更有冒险精神的大脑。有了这个大脑，南方古猿发展出了日益复杂的语言能力，以前“行走 – 携带”的多任务处理能力也因之得到增强。人类学家罗宾·邓巴（Robin Dunbar）用了一个神奇的词来描述古代语言的发展动力：“八卦”（gossip）。在其著作《梳毛、八卦及语言的进化》（*Grooming, Gossip, and the Evolution of Language*）中，邓巴考察了语言是如何取代身体接触成为与其他人互动的最有效方式的。语言是一种通信模式，利用呼吸动作（反正人类每时每刻都要呼吸）来产生社交影响。目光和手势增强了口语的表现力，使之能够更好地构建故事，也提高了演讲者的存在感。听众也是语言表现的一部分，他们可以回应、保持沉默或做出手势。作为聪明而又脆弱的灵长类动物，人类的个体生存不仅为了传达事实，更为了传达欲望、要求和命令，以提高生存能力和幸福指数。通过发言或沉默，每个人都参与了社区的建设。

语言的语法让很多人叫苦不迭。无论天生讲哪种语言，我们似乎都摆脱不了这些强制性和限制性的规则。然而，语法是沟通的积极力量。如果没有语法，人们就很难有效地理解说话者的意图，更不可能通过之后的交流对话来确认彼此的意图。在任何语言中，人们都不会简单地随机排列单词，因为这样会导致语言含糊不清，容易出现误解。要去某个地方的时候，你可能会这样告诉家人或朋友："我要去商店。"如果你非要说"去商店我要"，他们仍然能明白你的意思，但会多花一些时间来处理这个信息，并且他们会暗自不解：为什么你要这样说话？语法就像语言的"减震器"，有了它，演讲者才能更有效地向听众传递说服、教导、警告或赞美等意思。对于保存语言的高阶认知处理能力（如细微差别和意图），标准化的语法至关重要。通过共享语法和对语言结构的共同期望，我们的祖先可以将沟通集中在发展思想、启动计划和协调活动上。学会语法并在交流中使用语法，正规的教育并不是必要条件。在当今世界的许多地方，尽管人们在成长中缺失了课堂教育，他们却能够使用标准化的语法结构。

现在，让我们来看看语言力量的另外两个方面：过去时态和未来时态。它们对于人类在更大的群体中发展互动能力至关重要。对于人类这种具有前瞻性的物种来说，过去时态的存在似乎是一种悖论。为什么人类需要重新审视过去，分享过去的信息，详述过去的故事？如果记忆仅仅是为了指导现在的动作，那么，人们只需要想起过去的事情，然后用现在时态发出命令就足够了。比如，一个人曾经与野兽近距离接触或被火烧伤过，他很可能会向其他人传达一个强力命令："不要那样做！"只要一句简单的命令就足够了，他没有必要详述他先前的经验。也就是说，找一个年长的、经验丰富的人，让他来负责发出命令，这对我们的祖先来说就足够了。

过去时态让语言变得更加社会化，让每个人都能证明自己的经验是有效的。通过过去时态，语言的力量可以不被群体中最老或最强壮的成员垄断，任何人都可以有效地使用语言进行哄骗、宣告、解释或要求（比如小孩和老人经常会重复说一句话来引起大家的注意）。增加韵律或节奏会将单词变成歌曲，这是另一种强力机制，被剥夺权利的人可以通过这种机制发出自己的声音。即使是简单地陈述"事实"，演讲者也可以通过施展技巧来提高演讲的合理性和权威性，增加故事和演讲者本人的可信度。每个人都有自己的故事和经验，分享这些记忆可以唤醒对过去和历史的集体意识，使未来的联系成为可能。

未来时态是过去时态的相对面。"过去"可以通过咨询其他人来确认，但未来的行动尚未发生，完全是假设的。为什么人类大脑及其认知机制能够适应虚构？在迁徙过程中，我们的祖先仅靠指点和手势就足以指明方向了。但是，人类需要思考未来的能力，需要在不同时间长度（一天、一周、一年或无限期）内将尚未看见的情况概念化的能力。这样，每个人都能拥有掌控知识、规划和行动的潜力，从而最终促进群体项目的发展。

与未来时态密切相关的是条件时态。“如果……就”的短语结构使人们能够在结果发生之前预先想象，结合过去的记忆对未来展开预测。通过条件时态，语言有效地将策略概念化，从而更好地与其他人分享。尽管许多物种都具有条件反射的本能，但只有人类拥有将个体经验转化为集体知识的能力，这正是人类这一物种的独特之处。条件时态是一个强大的工具，它能够让人借助语言进入公共领域。“如果……就”短语结构的出现，标志着我们的祖先第一次对可变的行动方案及其可能的结果有了深入思考。这些条件时态短语融入了城市领域，为记忆和未来行动引入了“承诺”这一概念，对交易、合同、协议等互惠互动的思想和理念至关重要。

迁徙的本能

我们的祖先像现代人一样，感到在某些地方比在其他地方更舒服。早在开始建造建筑物或纪念碑之前，当然也早于城市出现之前，他们就会把某些景观理解为一种邀请，并被吸引到某些地方。这些地方不仅有丰富的原材料，而且有权力的象征、治愈的环境和团结的社区，具有很高的社会价值。然而，人类祖先的迁徙仍然没有定式，所以对早期人类迁徙的研究既复杂又充满可能性。我们祖先的迁徙路径并非简单的从非洲出发，以波形向外辐射，而是有很多改变方向和回溯的时刻，这是人类 DNA 研究中最具挑战性和最有趣的课题之一。这说明，人类祖先在迁徙中兼具“勇于开拓”和“犹豫不决”。这种矛盾必然转化为持续的交流和对话，从而将语言融入一个广大而多元化的世界中。

早在城市发展之前，甚至在村庄发展之前，智人就进行了迁徙。他们追踪动物，采集植物，随季节变化选择时令食物。除食物之外，他们的需求相对较少，但需要优质的石材来制造各式工具和武器。考古学家马西·罗克曼（Marcy Rockman）进行了一项非凡的研究，探索人们是如何解决资源获取问题的。利用景观地理分析，她研究了人类祖先为什么会选择将某些地方作为迁移目的地。数万年前大冰河时代的间歇期，欧洲大陆的大片地带首先成了人类的定居点，之后这里变得不再适合居住，于是定居点的人们被迫继续迁徙。罗克曼还评估了人们迁徙的模式，希望弄清楚当时的人们要去往哪里，以及他们在追求什么。她的研究表明，虽然没有机械化的发展，但人类祖先对古代工具的探索有许多社会和认知方面的收获。

有些古代居住地就像现代城市一样宜居，比如巴黎地区。那里地形平缓，带给人们开放空间的感觉；它还是人类的避难所，因为巴黎以北的地区曾完全被冰川覆盖。大约 13000 年前，现英国所在的地区终于解冻。当时的人们从法国穿越还是陆地的英吉利海峡，前往北方寻求财富。罗克曼发现，尽管人们确实在寻找制作工具所需的燧石，但他们并不一定会在首次发现资源的地方定居。他们没有在英格兰东南部停留，而是进一步探索内陆，前往索尔兹伯里平原地区。为什么人们绕过了这么一个明显的“好地方”？罗克曼认为，古人千里跋涉不仅是为了寻找特定种类的原材料，他们被索尔兹伯里平原的整体景观所吸引，因为那里与巴黎的地质、地形和“感觉”非常相似，而巴黎正是人们在漫长的间冰期居住的地方。

罗克曼的研究显示，景观学习的过程涉及空间和时间知识。有固定位置元素的地点学习起来相对更容易，例如露出地面的岩石（里面可能含有燧石和其他适合制造工具的石头）和迁徙动物群停留的浅溪交叉口。无论是首次进入环境系统的人还是长期居民，任何人都可以观察这些地标并向其他人报告。景观学习的第二个组成部分是纵向的，罗克曼称之为地点的限制性知识。限制性知识是可变的和有条件的，依赖个人经历和他人记忆（借由语言）。什么时候高山岩石会被积雪覆盖？迁徙动物会在春天的什么时候穿过溪流？人们获取并共享限制性知识，不仅要利用记忆和未来时态来捕捉、传递信息，还需要观察区域内典型的微小变化，留意最近的环境事件。通过与日常事物、典型事物和未来可能拥有的事物进行比较，纵向学习能够使人们辨别出异常。

日常生活中的人具有寻求新奇事物的倾向，这是他们居住在城市空间的原因之一。想要获得现代城市中的位置信息（比如卖百吉饼、鱼和薯条的商店），人们可以反复尝试，也可以通过交谈向居住在那里的人问路。同样，想要获得纵向信息，居民可以年复一年地积累经验，如了解本地的天气情况、搞清楚哪些时候是假期。不过，有一条捷径可以帮助我们更快地获取限制性知识：向他人请求帮助，或传授自己的经验以帮助他人。作为现代城市的居民，我们可以根据以往的经验阅读景观，并且可以方便地满足“迁移冲动”。我们可以在全球旅行，体验多元的城市社区，并且能够在晚上回到自己的床上。出门在外，我们会时刻比照在家乡城市的经验，寻找让自己感觉舒适的配置，确保自己能够获得想要的东西。

城市移民进入一个新的社区，意味着进入了一个充满陌生人且比乡村需要更多社交的环境。社交不仅是获取必要物品的一种方式，也是获取必要信息的一种方式。社会学家马克·格兰诺维特（Mark Granovetter）创造了“弱关系”（weak ties）这一术语，专门指陌生人（例如收银员、邮递员以及你最喜欢的咖啡师）在日常交易中为你提供信息的机会。这种机会对你来说成本极低，因为你并不真正欠这些人什么，所以你可以在需要时利用他们来获取信息。他们代表的网络比你与家人的“强关系”（strong ties）网络要宽广得多。例如，如果你正在找工作，自己的家人可能没有太多线索。但是，如果你能跟每天遇到的其他人一起讨论“哪家公司在招人”这个问题，即使只是一次偶然的闲聊，你也很可能会从中获得更多的信息。与宗教仪式中心相比，城市拥有更多的功能和目的；与农村只有强关系（有时令人窒息）的环境相比，城市推动社会群体内部产生了更多的弱关系。

100 万年前，一些地方因环境变化突然变得宜居起来（并持续到今天），人类从而开始了迁徙。人类的迁徙显示了物种进化、适应新环境的过程。作为人类个体，我们体现了强大的沟通能力，包括记忆语法（过去时态）和计划表达（未来时态）。记忆并交流过去事件的能力，向他人描述和传达多种潜在结果的能力——这两大能力是迁徙过程的重要组成部分。人类有能力适应新的地方，处理新的情况，这让每个人都充满信心。无论多么具有挑战性，我们都可以从任何环境中找到合适的东西。

人类与物品

许多动物都会收集东西或偷东西，比如老鼠、乌鸦和松鼠等。然而，在地球上的所有生物中，只有人类拥有这么丰富多样的东西。我们是唯一重视物品多样性，而且一辈子都在不断使用物品的物种（并非仅在交配季节；实际上，人类没有交配季节，也就是说，对人类而言，生育这项极其重要的事务与其他社会经济活动一样，在全年中的任何时候都可能发生）。我们在现代世界中获取、收集、展示和丢弃的一切东西（以及人类造垃圾的习惯），都可以追溯到200多万年前。那时候，人类第一次将天然原材料转变为人工制造的物品。我们的祖先开始改造和制作东西，而不只是使用棍子或石头。他们还开始挑选用于特定用途的最佳原材料，有时专注于技术品质（例如保持石头边缘的锋利），有时专注于颜色等美学品质。

人类第一个社会和实践意义上的手工制品，是被称为"手斧"（hand ax）的石头工具。它与人的手掌差不多大小，可以用各种材料制成，但形状都像泪滴一样。从非洲到阿拉伯半岛，再到印度次大陆，穿过欧洲到达不列颠群岛，它们广泛分布在人类祖先从旧世界迁徙的路径上。同一种物品具有如此广泛的分布，当然不可能是一个人四处旅行，教当地人制造这个东西的结果。事实上，作为物理和社会意义上的物品，"手斧"

的概念被一代代传承，后人在世界各地、用各种材料来制造它。他们一遍又一遍地生产同样形状的手斧，打磨制造工艺，同时用来展示自己的处世技巧。有学者认为，手斧是一种很好的社交工具，它能够证明制造者的智慧和执行任务的能力：“嘿，看看我的手斧！”

通过对基础物品不断进行实验，我们继承了祖先的意志，愿意花时间制作比实用工具更精细的东西。我们的生活不能没有物品。今天，我们几乎没办法直接使用自然状态的东西，必须对其进行人工改造。如果要用木头做篝火，我们得先用锯子切割它。如果要收集一些东西，比如海边的贝壳，我们得把它们放在口袋里或玻璃罐中，或者把它们串在绳子上作为项链。插花所用的通常不是野生花卉，而是经过栽培改良的植物。我们几乎所有的食物都来自驯化的动物和栽种的植物，经过了人类的改良，它们的大小、营养价值和味道都有所变化。我们很少处于裸体的自然状态，从早到晚、从生到死，我们几乎总是被一些东西所遮盖，例如毯子、衣服，或者安全套。

从一开始，人们就可以用各种获得的材料制造物品，比如石头、羽毛、木材和动物皮。人类改造自然状态的东西，让它们变得更好用、更锐利、更有光泽、更色彩斑斓。对于物品，人们关心其形式，也关心其功能；关心其实用价值，也关心其社交价值。所有这些“关心”加在一起，就变成了所谓的“风格”。我们今天的实用工具，不论是钢笔、铅笔、服装、电脑还是汽车，也都很注重风格。对于那些完全没有实际用途的东西（比如饰品）来说，风格的意义更加重大。珠宝出现在人类祖先初步探索世界之前，比城市出现得更早，甚至比乡村都早。人类祖先以部落的形式生活在陆地上，偶尔会与其他部落接触。要和平还是要战争？如何才能在不迈出“错误的第一步”的情况下，有效传达和平或战争的愿望？大约在 10 万年前，人类在交流方面取得了重大突破，他们使用的是一种非常小的、在考古挖掘中很容易错过的东西——珠子。

像手斧一样，珠子是一种人工制品。要想制造它，必须有人经过深思熟虑想明白一个问题：如何将一块天然材料塑造成象征精英身份的东西？人们希望这个东西既与众不同，又有足够的共性来让人辨认，以便向其他人传达其中的意义。考古学家玛丽·斯蒂纳（Mary Stiner）在研究最早发现贝壳珠子的地方周围的自然环境时发现，人们不是随机拾取贝壳，而是有意地收集形状和大小一致的贝壳。她使用“带宽”（band-width）的概念来解释人们为什么选择特定形状和颜色的贝壳。在无线电和电视的帮助下，现代人已经很熟悉“带宽”的概念了：它是一种共同信号，发送者和接收者都能够理解这个信号。现代通信需要识别共享频谱，语法结构需要对话双方快速编码和解码——二者之间有很多相同之处。

珠子是“物化交流”的一种方式——把交流呈现为物质的、有形的东西，作为人们后续交流的参考。它是人类最早佩戴的饰品，人们可以通过他人希望的展现方式融入集体，也可以通过独特的串珠方式或佩戴方式脱颖而出。作为一种交流形式，珠子比手斧更有效，它能让人变得优雅，同时允许双手自由地进行其他活动（它是装饰和权威的结合，完美地与人类的迁移本能形成互补）。斯蒂纳还指出，珠子在交流方面的意义可以量化叠加。也就是说，有更多珠子的人的话语权更大。一个人戴着珠子，通常表示他属于某个团体或认同某个想法。一个人拥有一串珠子，其传递的意义就超越了物品本身，表明这个人有更强大的力量、更高的权威或更多的经验。

珠子是我们祖先的一种自我展示形式，几乎与此同时，另外一种重要的人类手工制品出现了——服装。穿上不同的服装，我们才能够开始选择性地展现自身。首先，相对来说，服装便于穿脱，允许人们通过身体交互时的动作，产生自发性交流（你可以快速脱下T恤；相较而言，摘项链就更费事一点儿）。其次，从社会角度来看，服装可以实现人以群分的效果，早就超出了保暖蔽体的实际用途（在现代，领带和时尚围巾是很好的例子）。最后，服装可以是战略性隐藏资产的一种巧妙方式，织物可以遮挡一些本来具有强大沟通力的东西，比如项链或文身。随着服装的出现，闷声发大财的消费观念应运而生。这种观念允许人们以另一种复杂、微妙的方式传递社会信号和塑造身份，提高财产的保密能力。

物品，特别是像珠子这样的小东西，也具有其他的社会和经济功能。它们可以被分享、被赠予、被购买、被交易，甚至被盗窃。使用便携式物品，人们在交易中创造了互惠和依赖的义务——这是社会科学家在分析人类社会动态时广泛探讨的话题。其中，最著名的研究是马塞尔·莫斯（Marcel Mauss）所著长篇论文《论馈赠》(*The Gift*)。马塞尔·莫斯在这篇论文里指出，给予他人礼物，意味着馈赠者拥有了某种控制力，而接受者则承担了某种义务。正如我们在日常生活和各种场合中经历的那样，赠送礼物是一件棘手的事情。礼物有时能带来真正的快乐，有时则会因过度慷慨或略显小气而产生尴尬，反而损害了人际关系。尽管有可能产生尴尬，但物品还是创造和展示社会纽带最明显、最切实的方式。送出可视、可处理和可见证的礼物，无论是像珠宝这样昂贵，还是像咖啡这样平凡，我们都成功物化、实体化了与别人之间的联系。

建筑的起始

通过使用便携式物品，人类祖先让自己能够在群体中脱颖而出，向他人彰显自己的社交能力和智力水平。他们携带、穿戴或交易这些物品，表明自己在社会领域的力量。但是，一个人能随身携带的物品数量有限，而且都是不够显眼的小东西，离得远的人根本看不见。如果要让人传着看，那必定会面临物品被盗或被损坏的风险。况且，要想达到良好的效果，物主还得费时间去讲述这个物品背后的故事。可能有亲戚或朋友送了你一颗珠子，但每次向别人展示这个东西，你都得组织语言说明它的来历。人们急需一种方法来传播物品的文化，放大它们的声音，不再局限于一堆手斧或一串细珠的累积效应。

为了克服便携式物品的不足之处，我们的祖先把目光投向了建筑领域。首先是改造自然环境，然后是修建独立建筑。长期以来，人类祖先习惯于寻找特定类型的空间，有时是整个景观（如马西·罗克曼对巴黎盆地的研究），有时是拥有特定类型的树木、植物或动物的地方。无论是大型开放式景观，还是小型封闭式景观，它们都同时具有实用功能和象征意义。洞窟是实用功能和象征意义交织在一起的典型例子。除了生活痕迹，世界各地的洞窟还被发现有一些“增强改造”的痕迹（如岩石艺术）。原因在于，天然的洞穴并非都是宜居之地，人们会用木材、竹子、茅草和砖等材料来填补空间。

通过建造比工艺品更大的东西，人们创造了社会性的标记，这些标记被固定在偶然邂逅无法企及的范围之外。建筑空间不仅意味着随着体积增大而拥有更多发言权，也表现出了另外的东西——建筑过程中的合作。制作一件手工艺品只需要一双手，只要有足够的耐心，加以练习，一个人足以完成。手工艺品的制作过程可能也需要与他人沟通，比如在学习过程中接受老师的帮助，或者在完成后分享、解释它的意义和设计。然而，建筑所需要的远不止这些。根据定义，建筑工作意味着公开的集体活动，会有大量的呼喊交流和体力劳动。建筑越来越多地诠释了合作和集体行动，这些合作和集体行动将人们聚集在一起，让人们能够创造空间而不仅仅是填补空间。

在最早的仪式性场所中，人们享有临时性的社交网络；而在城市，社交网络已经永久性地融入建筑之中。在那里，个人活动可以具有持久的经济效果，发育于其中的理想主义也延续至今。一位年轻的女性搬到了城市，她在接受采访时说：

> 决定是我做的。我的家庭处于困境中。我父亲病了，我母亲老了，我们家又很穷，基本处于揭不开锅的境地，所以我和表妹搬到了这个城市。我非常开心，因为在这里我能赚钱养家。事实上，我来城市就是为了解决钱不够花的问题。当然了，我也想赚点儿钱存起来，为自己的将来作打算。

这位年轻女人搬到了柬埔寨的金边（Penh）。不仅是她，世界各地都有人拥有同样的想法。在墨西哥，很多人搬到了城市墨西卡利（Mexicali），他们把自己的迁徙解释为“buscar la vida”，也就是追求生活。越南（Vietnam）的城市移民有这样的哲学思考：“如果你处于工作年龄，那你就应该住在城市。”在中世纪的莫桑比克[1]，一位女性搬到了殖民时代的洛伦索马贵斯（Lourenço Marques）。她用第一人称描述了自己的移居经历：

> 我不知道洛伦索马贵斯在哪里。我坐上火车，说我想去城市。我付了15埃斯库多[2]。我在米科克尼（Micoquene）下车，沿着河流朝西姆潘米尼（Ximpanminine）进发。我遇到了从希纳瓦内（Xinavane）来的人。一个男人让我和他一起住。他的房子里还有一个室友曾在塔拉纳（Tarana）工作，所以我也在塔拉纳找到了一份工作。我根本不知道钱是什么。我只是慢慢习惯了这一切。

城市移民的语言往往是积极乐观的，特别是年轻人。这

---

① 莫桑比克共和国旧译作莫三鼻给，现通称莫桑比克（Mozambique），位于非洲东部，临印度洋。——译者注

② Escudos，莫桑比克钱币。——译者注

些年轻人有对过去的回忆，也有对未来的憧憬，这些东西可以让他们忽略初到城市时艰苦的客观条件。

当代人的城市移居经历告诉我们：如果人们想要创造一些超越乡村环境的东西，他们就必须在城市中找到合适的方法。在城市中，人们在集体空间从事集体活动。这些活动既发生在建筑物内部，也发生在建筑物之间的空间里，比如市场、广场、小巷、街道、码头、桥梁和十字路口。随着时间的推移，人们创造并合并了语言、迁徙、物品和建筑这四大习性，开始了城市生活。一定程度上，由于更多人集中到了同一个地方，每种习性都扩大了自己的表达力度和容量。通过反复传输和在更多人中共享，语言变得“更加响亮”。迁徙可能以个人的方式进行，但它在客观上形成了一个大规模的现象，无论被迫还是主动，成千上万甚至数百万人一起从一个区域来到另一个区域。物品数量也得到了巨大的提升，哪怕是旧石器时代的祖先，凭借其微乎其微的技能，也有能力制作超过日常工作所需数量的手斧。从一开始，制造、使用和丢弃大量物品的能力就成了城市生活的标志，这种丰富的体验和期望使人们能够克服眼前的困难，看到未来无尽的潜力。

关于贫民窟

今天，上海是现代化、全球化和城市化的典范。高大的建筑在江边闪耀，购物中心里充满了追寻潮流的富裕居民。然而，最初的上海和现在我们眼中这般都市化的优雅却相去甚远。对于许多20世纪早期的居民来说，上海是可怕的。

上海位于中国的黄浦江畔，毗邻太平洋，商业运输便利。到了19世纪末期，上海已经吸引了成千上万来自周围乡村的人。上海人的生活从来都与水相关，新来的人们通过大运河涌入城镇时，他们常常直接住在船上。当一艘船太破、浮不起来的时候，住在船上的家庭会将漏水的船只靠岸，从而开始在上海居住的第二阶段。有些人直接住在停泊的船只上；如果船实在太破没法住人，有些人会用旧船顶的材料在河边泥地上盖一间小屋，之后，他们也许会用稻草和竹子建一所更耐用的房子，融入邻居们现有的棚屋所形成的结构体系中。慢慢地，移民们一点点通过自己的努力解决了住房问题。这其中还存在着许多其他挑战，比如各类基础设施的缺乏——沐浴和饮用取水的小溪同时也被用来排污。

世界上许多现代的国际大都市都隐藏着过去贫民区的秘密。孟买市中心有着臭名昭著的达拉维贫民窟。同样，纽约市的五点社区也位于交通便利的曼哈顿岛中心，吸引了大量人口前来定居，正因如此，五点社区变得更加拥挤和危险，成了市中心的贫民窟。巴黎也有一些混乱的社区，成了动乱的温床。这些动乱缘起于19世纪的贵族化浪潮，在巴黎各个区域涌现，此消彼长，并且常常会扩散到市郊地区。那些市郊地区没有任何基础设施可言，远远落后于城市的发展。奥斯曼[①]在城市中大搞强制拆除，又不愿意建造保障性住房，因此，市郊变成了被赶出巴黎的穷人的垃圾场。伦敦有很多代表时尚的区域，不过这些地方在很久之前都是低收入区。柏蒙西（Bermondsey）如今是伦敦塔桥和金融城的所在地，但它以前被称为雅各布岛（Jacob’s Island），曾有大片房屋建在堆满污水的沼泽地上，这些沼泽地也是居民饮用水和洗澡水的来源。

现代大城市的发展历史表明，贫民窟是城市发展轨迹的重要组成部分。贫民窟不仅不是偶然的、不幸的城市生活的副产品，甚至可能是现代和古代城市必不可少的组成部分。为什么说它是必不可少的？原因在于，贫民窟是城市的基础部分和必要组件。在贫民窟，虽然生活可能并不愉快，但那些被边缘化的移民至少能够获得立足之地。移民们来城市的初衷是为了工作、教育或医疗，因此，他们很少会考虑在城市生活的细节，也不会将城市和文雅联系在一起。他们不怕苦、不怕累，

① 拿破仑三世时期，由塞纳区长官奥斯曼（Haussmann）主持的巴黎改建规划，旨在缓解城市的迅速发展与其相对滞后的功能结构之间的矛盾。通过拓宽道路、疏通城市交通、建筑大型公园、完善市政工程等，巴黎成为当时世界上最美丽、最现代化的大城市之一。——译者注

能以许多人想象不到的方式立足。他们许多人睡在一个房间里，在随机的时间和地点吃饭，每天做大量的零工。他们的棚屋互相倚靠，防止某个棚屋因太破而倾倒。贫民窟代代延续、生生不息，随着城市的发展在适当的地方出现。它不仅是移民的过渡区，还形成了一种永久定居点。

有了对现代城市发展方式的认识，考古学家开始想方设法地寻找过去的贫民窟。相比而言，富人区的房屋墙壁坚固、地板结实，文物比较容易发掘；贫民窟里大都是些随意、暂时的东西，肯定更加难以寻找。20 世纪的上海居民和古代乌尔、摩亨佐－达罗居民一样，都曾面临有机材料自然分解的挑战。在这个过程中，很少有东西能幸存下来。首先，许多住宅由木材、稻草和其他材料制成，这些材料很容易在原地分解，而且几乎不会留下任何痕迹。其次，在这些材料腐烂之前，建筑材料回收再利用的过程就已经让一些东西消失了。上海移民先是住在船上，然后不停地拆东西、建东西，这就是建筑材料回收再利用的过程。世界各地的城市移民也在贫民窟里做着同样的事情。在这种情况下，想要找到“第一站”的棚户区文物，考古学家算是遇到了难题。

然而，如果仔细观察，我们可以在考古遗址中看到临时手工建造的房屋的遗迹。也许是一排拳头大小的泥块，里面有芦苇的印痕，这是古代棚屋解体的证明；有时是一些破碎的砖块，它们被用来固定柱子，柱子上还挂着一块帆布或篷布；也许是一排落入泥浆中的钉子，忘了被主人收回，证明废弃船体的碎片曾经是人们抵御冬季寒风的堡垒。不过，对这些非正规住房的发掘有时仍然被认为不务正业。因为，对于研究资助者和大众来说，最受欢迎、最有吸引力的考古项目仍然是大型纪念碑、令人敬畏的寺庙和华丽的墓穴等，仿佛只有这些才能构成考古研究的伟大发现。除此之外，那些“不务正业”的考古学还没有取得多大的成就。实际上，现在正是我们开始尝试“不务正业”、研究普通城市居民的好时机，因为这些研究能够很好地将过去、现在和未来联系起来。

贫民窟是低收入人群的聚集地，但并不是他们融入古代城市的唯一途径。秘鲁的沙漠城市昌昌（Chan Chan）由 9 个巨大的部分组成，它们被称为“堡垒”，是供精英和权贵居住的宫殿一般的居所。每座带有围墙的堡垒中都包含了各种各样的建筑结构类型，既有大型住宅，也有毗邻高档建筑的小型房屋集群。这些小型房屋都有特定的用途，例如制造手工艺品。每一座堡垒都像一个小社区或一个小城市，但它们都不是完全独立的，而是与其他堡垒以及古城的其他部分保持着充分的联系。考古学家还研究了这些巨型堡垒的边缘，检查建筑环境的空隙，寻找与堡垒内部和周围街道生活相关的建筑物。他们发现了一些建在外墙上的小房子和棚屋，这些房子是用芦苇做的，上面涂满了泥。这些住在外围的居民可能是工作人员或仆人，因为奴隶更有可能被安置在院子里，方便被随时监视。

在墨西哥特奥蒂华坎，人们居住在带围墙的大院里；考古学家一般把这些大院称为“公寓”（apartments），类似于现代密集的城市公寓。每座公寓大楼都有类似的功能，包括每个家庭的住宅区以及共用的庭院和露台。在庭院里，有一些小寺庙供人们日常礼拜。老人和新手妈妈如果不方便去市中心的大金字塔，就可以在庭院里进行礼拜仪式；其他人则走上死亡大道，在拥挤的人群中与他人一起祈祷。这两种方式互为补充。在这些大院中，有很多证据表明人们曾在这里进行过工艺生产活动，比如生产布料、用本地富足的黑曜岩火山玻璃制造刀片；居民们了解彼此的财产、生活方式和生活模式。在许多情况下，要想进入内部房间，人们必须经过毗邻庭院的外部房间。可以想象，在一个联系紧密的社区里，某一家的孩子和狗可能一直在别人家的房子里嬉戏。

随着现代罗马的发展，古罗马城市遗址得到了深度发掘。有些是出于计划性的工作，有些则是偶然的发现。在近400年的挖掘过程中，考古学家们发现了公共浴场、露天剧场、豪华私人住宅、多层住宅楼等各类建筑。所有这些建筑都与一个庞大的基础设施网络相连，这个网络为包括高级精英、中产阶级、穷人在内的所有居民提供服务。考古学家安德鲁·华莱士－哈德尔（Andrew Wallace-Hadrill）将来自不同研究项目的数据拼凑在一起，得出如下结论：古罗马有一个类似于细胞的社区网络，豪华房屋、简居陋室以及各色商店一起构成了这个社区的社会和经济子单元。随着城市的发展，新的细胞自我复制，填补了台伯河附近不断扩张的区域；不同阶级的群体相互交织，形成了作为经济和政治生活支柱的社区。拥挤、潮湿、喧嚣的贫民窟，豪华的富人区，整洁简单的中产区……不同的住房混杂在一起，都由相同的渡槽、下水道和街道相连。

跳板效应

在城市中，人们充分利用自己的能力，发明出让城市生活更轻松、更迅捷的新东西。人们创造新的空间结构来强化建筑，创造新的生产策略来繁荣经济，创造新的表达技术来增强语言。其中，最引人注目的是写作的出现。美索不达米亚是世界上最早出现城市的地方，在那里，我们发现了人类第一次使用文字的证据——具有微小楔形图案的黏土片。有了文字之后，人类终于可以对事件进行有效的记录。有时，他们还通过神学来加强可信度，例如：你欠我一只羊，如果它死了，神就会惩罚你。很快，人们开始用文字来记录商业交易、用工情况和工资发放。大量流通的日常商品均由书面文件（指定数量和目的地）进行追踪：小麦和大麦被制成面粉和啤酒，绵羊、山羊和牛用于生产肉类、纤维和牛奶。文字的出现使人们可以远距离地进行可靠的通信，确保阅读者可以明白书写者的意图。牧羊人再也不能在上交羊群的时候声称对沿途丢失（或被吃掉）的牲畜数量一无所知了，现在有了“提货单”，上面清楚地记录了供应商的发货数量。

城市化出现后，“移民”的概念也变得更加多样。一方面，作为景观中一个独特的固定地点，城市对周围产生了吸引力，吸引到了食物、原材料以及大多数的新城市劳动力。数万年以来，虽然仪式性场所一直是热门的旅行目的地，但人们每次待在那里的时间毕竟有限，几乎没有人会在巨石阵这种地方生活数月或数年。城市能够成为密集的人口长期居住的地方，这样，人们制订计划时就可以更多地考虑一些自主因素，而不是完全依照特定季节或一年中的时间来划分。同样，人们也可以自主选择离开城市的时机。根据现代的经验，我们可以假设城市移民完全由原先的农村人口构成，他们来到城市享受教育、医疗、就业或娱乐。但有时，来自城市的人们也会向外迁移以从事农业工作，例如古代美索不达米亚、印度以及最近的欧洲。玛格丽特·格里科（Margaret Grieco）在 20 世纪初对伦敦低收入社区进行了一项精彩的研究。研究表明，在采摘啤酒花、豌豆并在农村建立临时社区等工作上，妇女成为群体协商的主要推动力。

城市有许多利基市场，人们有更多的方式来获得更多种类的商品。亚当·斯密（Adam Smith）撰写了《国富论》（*The Wealth of Nations*）并颂扬了工厂分工的优点。而在此之前的数千年，管理者们已经明白了这个道理：如果每个工人只负责生产产品的一部分，再将他们的成果组合起来，那么生产成本就比每个人负责整个产品要低很多。在城市里，工匠们也制造外表与高端产品相似、但用料较便宜的商品，以此来降低成本。比如，他们用黏土仿造昂贵的石珠，或者用玻璃仿造手工雕刻的石碗和酒杯。结果，廉价仿制品成为一个全新的概念，既能满足设计师的创新，又符合消费者的需求。生产者也希望提高制造效率以降低成本。新的快速生产技术（如模具）使车间能够高效地生产大量同样规格的产品。模具由液态或半液态材料制成，如金属、黏土或玻璃，这意味着它们可以进行大批量的制作和分发。只有生产线上的一小部分才需要熟练的劳动力。一旦一个熟练的工匠制作了模具，技术水平较低的员工（他们的报酬较低）就可以生产出完美的复制品。由石头或其他耐用材料制成的模具可以重复使用，因此，模具的初始成本可以在多次制造过程中被分摊。

最后，城市建筑也发生了变化，不仅数量变得更多，样式也更加多样化。蜂巢有着重复的相同模块，而城市却并非如此。相反，城市建筑的规模越来越大，复杂程度越来越高。因此在早期城市中，房屋、商店、办公室和礼拜场所越来越密集，越来越多样化。城市里有更多满足社会需求的新型建筑，而这些建筑是农村居民永远都不会需要的（如大型仓库、交通枢纽和重型货运码头）。城市里还有许多新型机构，如学校和娱乐设施，这些建筑的空间结构与房屋、车间和行政办公室迥然不同。即使是那些长久以来一直在满足人类需求的建筑，比如寺庙，它们也同样经历了城市化的转型。普通居民和公民领袖共同努力，修建了位于大都市中心的宗教场所。在美索不达米亚，布拉克和乌尔等早期城市都在中心区域建有寺庙。事实上，这种行为在全世界比比皆是：欧洲城市的大教堂，玛雅城市的金字塔，北非、中东和中亚的清真寺，印度次大陆、东南亚及中国的寺庙。

城市环境中的集体参与远远不止修建宗教建筑。城市有广场、公园、街道、河畔，还有购物中心、集市、法院和政府办公室等世俗建筑。与宗教场所一样，这些场所也都可以成为公共表演和个人活动的地方；它们构成了新的仪式形式，扩大了“仪式”一词的范围，超出了其宗教内涵。娱乐和锻炼的公园、定期参加的教育课程、酒吧、茶馆……这些城市中的日常活动场所成了一个人世界观和生活体验的一部分。有些特殊场所会定期安排活动，如体育赛事、音乐会、集会、农贸市场和圣诞节集市。仪式性场所为宗教活动而生，城市则为世俗活动而生，其多样化的潜力为个人和家庭提供了大量拓展才能的机会。

仅凭人们对社区的需求、对参与新经济的渴望、对把握新社会机会的梦想，城市不足以奇迹般地出现或继续发展下去。毕竟，哥贝克力石阵和巨石阵这样的地方就没能发展成城市。与人们暂时性聚集的宗教仪式场所相比，城市显然需要更多的策划、构思和投资。每个城市居民都有自己的投资，这些都会在最终形成的城市中反映出来。为了继续发展，城市需要普通人的持续投入，这些投入被考古学研究分为 3 类：基础设施、社会分层和急剧上升的消费。

公元 1867 年，正在建设中的霍尔伯恩高架桥（The Holborn Viaduct）

第六章　基础设施是城市的支柱

作为人类一年四季的久居之地，城市让人们体会到了一种朝圣般的仪式感，而这种兴奋在时间和空间上都有很大的延伸。然而，与任何其他类型的社交网络（无论虚拟与否）一样，城市化必须要付出代价，长期居住形成的拥挤空间可能很快就会陷入混乱。在城市创建后不久，第一批古代城市的居民就需要开始寻找一种更具可持续性的发展基础，以此摆脱城市的泥泞和污秽。城市居民想要干净，他们不想以农村的方式生活，而居住地又不可能自动得到清洁。因此，对于那些最初的城市居民来说，他们必须对已经形成的环境承担责任，这可能更像是一个无奈的意外惊喜。毕竟，他们在城市中的工作比在农村时多太多了。这些工作包括从事新的制造业活动，在城市中为密集型建筑确定新的位置，在分散的工作、居住和休闲空间中进行社交接触等。

从罗马、西安，到蒂卡尔、库斯科，古代人通过对城市结构的规划和对广场、港口等公共空间的创建，积极塑造日新月异的城市环境。在城市建设中，最重要的部分之一就是基础设施。在当时的语言中，“基础设施”一词的字面意思就是“在结构之下”。他们在忙着建造纪念性的宏伟建筑时，也开始把一个地方和另一个地方连接起来。他们把广场和街道连接起来，扩大街道的规模，方便居民和游客更接近仪式和权威中心；他们建造了横跨运河和河流的桥梁，作为水上商业通道；他们还修建了管道和引水渠，将水和食物等基本生活必需品直接送入城市的核心区域。

那么，作为一种以往没有的范式，城市基础设施的概念是如何产生的？在这里，仪式性场所再一次为集体行动的实践提供了社会蓝图。试想，在一个临时集会的场景中，哥贝克力石阵和巨石阵等宗教仪式性场所可能没有太多水管或污水管道这样的基础设施；但是，它们确实提供了一个场所，人们在这儿必须遵守某种规则和计划。考古挖掘发现，聚集在仪式性场所的人们很快就习惯了有系统地行事。我们发现了烹饪场所和垃圾场，它们的存在证明，人们普遍认为在不同的地方应该进行不同的活动。这就好比，一旦某种规范被确定下来，来到朝圣地点的新人就会遵循指引来做。在城市里，宗教仪式和集体参与的世俗活动结合在一起，形成了一个巨大的、相互关联的场所。在这个场所中，每个人都很忙碌，空间也有了多种用途。集体行动实践的问题越早解决，人们就能越快过上比农村更好的生活。

设置城市的边界

古代城市基础设施最大也是最早的表现形式之一，就是由泥土、石头或砖砌成的城墙。城墙把人挡在外面，同时也把居民围在里面，并把墙内的城市定义成一个有着特定规则的地方。墙壁也是向外界发出信号的一种方式，它向外面的人表明，他们正在进入一个不同的区域，应该注意自己的举止。墙壁也有更加实际的用途，比如检查进口货物，确定哪些应该被征税或没收。有军事头脑的考古学家马上就会把城墙和战略防御设施联系起来。但是，城墙需要很长时间的建造才具有防御或威慑作用。在建造的前几个月或前几年里，一面城墙可能只有一个几英尺高的轮廓，或者一个未完成的边界，很容易被轻松跨越。城墙不是一夜之间就能建成的，更不是在敌人出现的瞬间就能建成的，它们必须在可能发生冲突之前就完整地建造起来。在遭遇敌人之前、战争打完之后，城墙作为城市的身份象征和公民治理的永久场所而存在。换句话说，城墙可以在几天或几个月的时间里充当防御工事，但它每一天都是城市生活的标志和象征。

关于古城墙的建筑影响，一个最好的例子是越南古螺城[①]考古遗址。古螺城始建于公元前 1 世纪末，它的遗址隐藏在现

---

① 古螺城（越南语为 Thành Cổ Loa）是河内以北约 20 公里处的一座古代城堡，建于鸿庞氏末期（约公元前 257 年）。古螺城包括外侧的两层城墙和内侧的长方形城堡，其中外城墙周长 8 公里，高 12 米，底部宽 25 米。考古学家估计，构建整个要塞需要超过 200 万立方米的材料。——译者注

代城市河内外面的乡村中。古螺城有一座环绕的城墙，这些城墙乍一看很简陋，似乎只是泥土制成的休憩角。然而大量研究表明，必须有成千上万的人协调一致才能建造这样的城墙。庞大的城墙在地球上形成了壮观的线条，甚至在卫星图像中都可以清楚地看到。完成墙壁的布局和建设工作需要不止 1 天，不止 1 年，甚至不止 10 年。工程需要的劳动力数量将耗尽整个农村的健全劳动力。这也形成了一个恶性循环：青壮年涌入城市后，一方面造成农村劳动力短缺，导致粮食产量不足，另一方面也使得城市对农产品的需求进一步增加。两种因素叠加，农产品供不应求的情况愈发严重。新兴城市将景观改造成与乡村截然不同的样子，城墙的布局和建造只是其表现之一。城墙的建造工作显示了古代人对实现建筑设计的长期奉献精神，也证明了某位古代先贤有足够的说服力，使最大胆的工程梦想能够成为现实。

像古螺城一样，城墙是纪念意义的首次世俗化表达，这种表达热情而坚定，这种精神从前只会出现在宗教仪式中。用城墙把城市包围起来，这在世界范围内都是普遍的现象：巴比伦、罗马、耶路撒冷（Jerusalem）、西安、阿瓜特加（Aguateca）、阿勒颇（Aleppo）、撒马尔罕（Samarkand）、巴黎、约克、哈勒尔（Harar）、南京、图格鲁卡巴德（Tughluqabad）……有了城墙的存在，城市就像一个大容器。

在过去，建城墙大多是为了保证宗教仪式的私密性，但现在更多是与世俗因素有关。墙的走向是圆还是方？形状是长方形还是梯形？墙应该有多高？使用什么建筑材料？墙应该与现在的居住区紧密相连，还是需要考虑未来增长的乐观预期？如果未来预期比当前需要的大，应该大多少？如何说服或命令工人们去建造体积比当前的实际需要大得多的墙，还得坚持到它完工？

无论在古螺城、巴比伦还是其他任何地方，城墙都是城市居民和规划者之间反复对话的切实证据。这些对话既包括对城市怀有崇高抱负的哲学考虑，也包括对城市居民日常需求的实际考量。其中，有一个关于设计和使用的基本难题，那就是城墙必须同时做到“便于进出”和“坚不可摧”。众所周知，城墙不可能是完全密封的围墙，否则它就成了一个没有人能进出的无用摆设。城墙需要门，因为它既要能阻止敌人，也要方便人进出。这个简单的需求一直困扰着人们，引发了人们关于边界和界限的讨论。因此，作为一种必要的符号，城门带来了一系列全新的决策和影响。应该设立多少个城门？更多的城门和通道可以让居民和商人更容易地进出城市，但也增加了入侵者和走私者潜入的可能性。这些城门应该如何建造？是建得足够坚固把人们挡在外面？还是仅修建成装饰性的宏伟拱门，标志着人们进入了城市领域？城门是否应该设置岗哨，并内置警卫室或瞭望塔？大门应该上锁还是设置密码？如果设置密码，密码应该掌握在哪些人手里？谁又来监督警卫，确保他们服从命令，守护城内人的安全呢？

罗马城墙为其他城市的设计决策过程提供了一个很好的范例。罗马的第一个聚居点在前 100 年里一直没有城墙，直到公元前 5 世纪中叶，罗马人才建造了一个与古螺城风格类似的大土墙。土墙包括堤岸和沟渠，沟渠在外围形成一圈土坑，包围着堤岸。然而，刚开始修建不久，人们就对这座城墙进行了升级改造。整堵城墙还没有完工，工人们却已经开始准备将它改造成石墙了。当然，罗马城仍然脆弱不堪，甚至从某种角度来说，罗马修建城墙的行为反而将自己变成了一个显眼的目标，引起了人们的关注。公元前 386 年，好战的凯尔特人（Celts）入侵罗马。不过，他们也没兴趣统治这么远的地方，得到赎金后便心满意足地返回北方了。

凯尔特人入侵后，罗马人迫切要求加强防御，因此又在聚居点周围修建了一堵长达 6 英里的石墙。这堵石墙坚固地矗立了几个世纪，它是一种身份的象征，也为人们提供了一份安全感。对于大型建筑，人们总是会算计着重新审视并改进它，因此在公元 1 世纪，这堵城墙经历了挖凿新沟渠和放置投石器等变化［这一切都发生在恺撒大帝（Julius Caesar）和罗马帝国发展壮大之前］。恺撒、奥古斯都（Augustus）、克劳狄乌斯

（Claudius）以及其他几十位皇帝统治这座城市期间，建造了古罗马广场、罗马斗兽场、凯旋门和浴场等众多标志性的名胜古迹。此后，在公元 3 世纪左右，市民的注意力又重新回到了城墙上。当时的皇帝奥勒良（Aurelian）未雨绸缪，他意识到帝国的边境很薄弱，于是便开始了长达 10 年的城墙建设工程，以防止凯尔特人索要赎金的耻辱事件再次上演。上次事件发生后，罗马人对危险的恐惧已经持续了 600 年，这也表明，恐惧在都市环境中是持久存在的。这与伦敦惧怕火灾，东京和旧金山惧怕地震有相同之处。在奥勒良的统治下，城墙终于完工，罗马第一次有了完整的围墙。那堵墙至今仍然矗立着，尽管有几段的高度超过了 60 英尺，但在古建筑群中它还是不怎么显眼。

我们有幸拥有罗马详细的文献记录，而大多数古代城市是缺乏这些记录的。正如当代的城市规划一样，即使有文本记录，它们也不一定能讲述清楚建筑的完整故事。因此，我们依靠考古学来发现城墙布局和功能的线索，确切地了解这些设计的含义，以及这些设计是如何被实现和使用的。像古螺城、贝宁城（Benin）和土耳其的辛其尔里·欧玉（Zincirli Höyük）这样的城市，它们的城墙在太空中都是可见的。在太空照片中，这些城墙看上去像深色的线条，以不同的几何形式（有时方，有时圆，有时像顺着地势或河流而成的一条蜿蜒的栅栏）围绕着古城中心。但是，在天空中的观测不能代替在地面上对城墙的研究。例如，对于在地面工作的考古学家来说，城门方向和结构的判断就很有难度。一方面，侵蚀和洪水可能会破坏墙壁，使其中一些地方看起来像古城门但实际上并不是；另一方面，原本是城门的地方可能会在后来被完全阻塞，使一些位置看起来是无法通过的，现在也无法辨认那儿是否是城门。

挖掘古城墙或古城门并非易事。文化层的沉积基本是水平的，而且人们主要在地表生活，因此，对民居、市场、寺庙、宫殿的考古发掘相对容易操作。然而，由泥土或瓦砾构成的城墙结构则与文化层截然不同（可以想象这两种方式的区别：一种是按照本来的分层方式将蛋糕横向切开，另一种是无视原来的分层将蛋糕纵向切开）。在我工作过的一些古城墙遗址中，比如印度的西素帕勒格勒赫和孟加拉国的莫霍斯坦戈尔（Mahasthangarh），花费几个月的时间才能把墙凿成让一个薄片穿过的程度。考古学家最终修凿的探沟会笔直地穿过古城墙，宽度刚好只够我们穿过，挖开的土层记录了数十年来的增补变化，形成了一个三角形的轮廓。探沟的两侧是一堆堆的泥土、瓦砾和古代人扔下的垃圾，这些东西都有利于城墙的筑成和扩建。通过集中丢弃垃圾，城市变得更干净，城墙也变得更高，这种建造和维护城墙的方法使两个问题同时得到了解决。修建现代建筑时，我们也使用填土的方法，把一些材料转移到建筑工地，这跟古人的做法是很像的。

作为考古学家，当我们发现一堵墙、一个平台或一座城门是古城墙结构的一部分时，我们就需要从大量的杂物中仔细辨认出主体建筑。有时人们凿开城墙来建造新的城门，有时城门本身随着时间的推移被不断重建。当城市经历动荡时，城门会变窄；当乡村安定、人们渴望更容易地进出大都市时，城门会变宽。挖掘古城门时，我们会跪下趴着，通过仔细观察建筑的接缝来寻找建筑的主体部分。如果一座瞭望塔的基底部分与墙的上半部分连接，那么我们就可以确定这是城门最初建造和设计的一部分。但有时在挖掘过程中，我们发现在瞭望塔基底之下的墙上有一些磨损，或者积了灰尘和污垢，这就表明在建造瞭望塔之前，这部分城墙有过很长一段时间的暴露。通过这些风化作用的小细节，我们能够分辨瞭望塔的建造时间是在城墙最初建成后的数年，还是建成后的数十年后。

对城墙的改造肯定会在城市居民之间引发激烈的争论，甚至可能比最初建造城墙时的讨论更加激烈，因为现有的城墙本身就存在太多争论的焦点。例如，城墙是真的需要改建，还是只是城市的领导人想要让自己名垂青史？改建工程具体要怎么做？工程费用由谁负担？工程需要开采或制造新材料吗？如果需要，材料要如何运送到施工现场？改建或新修的城墙要如何融入现有墙体的风格？可能有些人觉得，古人在修建城墙时并不会太看重“风格”这个要素，但事实并非如此。听说过宏伟多彩的巴比伦伊什塔尔门吗？它是在公元前 6 世纪由尼布甲尼撒王（Nebuchadnezzar）建造的，耀眼的蓝色外立面上镶嵌着狮子、公牛和神兽浮雕，与黄褐色的浮雕和蓝色的背景构成了鲜明的对比，就像一场令人雀跃的动物展览。考古学家被它深深吸引。在 1899 年进行挖掘后，他们将其中的 3 万块砖搬到了欧洲，并在柏林佩加蒙博物馆（the Pergamon Museum）修复了这个大门。

当伊什塔尔门建成并成为通往城市的新入口时，巴比伦已经有至少 2000 年的历史了。巴比伦与美索不达米亚的其他聚居点连成一片，既然如此，巴比伦还有必要修建自己的基础设施吗？几个世纪以来，当地居民和城市管理者可能对此进行了持续的辩论。一些居民可能对城墙和城门的整个规则嗤之以鼻，或者默默祈祷这堵墙在未来的某个时候会被拆除。不知不觉中，这种想法与伊什塔尔门最终黯然离开故土、安家柏林的命运相呼应。如果要建造城墙，组织者必须召集工程师、工程管理者和工人，势必会占用其他民生工程的资源，比如引水、废物处理和运输。所以，在劳动力供应有限的情况下，每当居民提出新需求时，管理者必须慎重考虑建设的优先次序。也许本来的计划是安排一大群人去建一个漂亮的新城门，但如果因为新移民涌入，城市管理者和社区领导人征用城门的修筑人员来修建水道或运河，该怎么办？也许会有某位杰出的商业或政治领袖专门为城门设立一个基金，但如果突发洪灾，这些资金很可能被征调用于重修码头，那又该怎么办？

任何城市基础设施（就算像城墙这样基本而必要的东西）的建造时间、规模和意图，都是城市居民讨论的中心话题。基础设施构建了一场具有现实意义的交流，因为每一个实体中都封存了关于其形式、功能和意义的对话，它随时提醒着居民和游客，城市比村庄大得多。与此同时，每一次对话也都承载着过去的回忆，这些回忆已然以实体的方式出现在了人们面前——城墙已经矗立在此，我们只需思考该如何认识它。城墙的存在也建构了之后关于使用和需求之间的对话。就像我们继承了 19 世纪的地铁、桥梁和林荫大道，这些设施也会在之后的日子里服务那个时代的人。在今天的城市对话过程中，我们也有自己的辩论和思考。城市预算必须先解决食物和水等有关日常生活的问题，再综合考虑交通基础设施（公路与铁路、桥梁与隧道）支出的相对优先次序。

供水系统

水是生命之源。水在河流和小溪中平静地流动，供人们饮用解渴；水还是一种方便、有效的交通方式。这些时候，人们欢迎水、热爱水。但是，当暴雨导致屋顶漏水、淹没基础设施、将人和动物冲走时，水就不那么受欢迎了。这样说吧，虽然水有时好，有时坏，但它对人类来说永远都是必要的。没有食物，一个人还可以苟活几天；没有水，人连一天都活不过。人们之所以如此关注水，不仅因为它具有维持生命的特性，还因为它具有恢复活力的美学意义。在城市中，人们的日常用水、食物及其他必需品都得依赖他人，水的必要性表现得更为直接。

水是生活的基本元素，水资源也普遍分布在世界各地。但是，城市供水取代村民自主取水、净水流入千家万户，这一现象是以何种方式和策略实现的？对于这一问题，考古学家迟迟未能将其概念化。这并不奇怪，因为水是当今世界上最被低估的商品之一。至少在发达国家，我们很少需要担心是否有足够的水，是否有优质安全的饮用水。即使在世界上一些水资源基础设施薄弱的地区，人们也有足够多的变通办法。比如，私人配送服务解决了水资源从“可免费获取的区域”到“被财富和阶级垄断的区域”流动过慢的问题。不过，古今同理，现代城市规划专家的见解有助于分析人们在城市中取水的方式，这使我们能够评估人类基本需求的成本和社会意义，进而更好地认识古代城市。

中国古代城市的领导者们建造了运河网络，这些运河从农村一直延伸到城市的中心地带。最典型的案例是长安，这座古城的遗址位于现代大都市西安的北部。乍一看，运河的建设似乎没有必要，因为自古就有“八水绕长安”之说。但是，丰富的自然水资源仍然需要管理。河流变幻莫测，一旦发生灾难性的洪水，就有可能切断河道或淹没河岸。长安城的规模不断扩大，前朝的水利基础设施逐渐跟不上时代的需求。所以，长安城需要持续推动水库和运河的建设，将整个城市腹地的水源连接起来，调节水的季节性变化，提供稳定的城市水源供给。

古代城市居民也非常清楚地理解并重视净水工程的意义。今天的巴基斯坦和印度是古印度河文明的孕育之处，摩亨佐-达罗和哈拉帕等城市就坐落在宽阔的印度河沿岸。尽管毗邻河流，有大量的水可供日常使用，但这还不足以满足人们对水的心理需求。除了使用河水，居民们还在河边挖井来获取清洁用水（他们还修建了排水沟来处理污水，将每家每户的家庭污水排放到定期清理的集体污水坑）。人们严格处理净水和污水，这表明水不仅是用来饮用或洗东西的。在印度河流域尘土飞扬的平原上，水是炎热干旱的世界里一种神圣的礼物。关于这种对水的神化，德国考古学家迈克尔·詹森（Michael Jansen）创造了一个新术语——“Wasserluxus”（水奢侈品），用来形容古印度河民族对水的痴迷。

人们感受着水的壮丽和魅力，对水产生了超出生理需求的渴望。这些情绪延伸到了日常水井和排水沟的建造上，更延伸到了摩亨佐-达罗最大的纪念性建筑——巨大的城市水库“大浴池”的建造上。想象一下，大浴池是一座砖砌的大水库，就在这座城市最高的山丘上。在人人都能看见的地方，通过城市水库的建设来蓄水和“驯化”水，这是文明战胜自然的有力象征。大浴池是一项非凡的工程壮举，它的完成离不开三方面的努力：提出创想的远见者，管理工人并执行计划的中层管理人员，一砖一瓦将其建造起来的工人们。此外，一些贸易商和企业家负责运输大浴池防水的沥青，也发挥了重要作用。

水奢侈品在其他城市也存在，标志着水从普通的自然元素转变为引人注目的社会隐喻。就像今天的洛杉矶或者干燥的迪拜一样，在古罗马，能获得充足的淡水资源是具有社会地位的标志。罗马水道的发展必须满足普通消费者的需求，因为水是生活必需品；与此同时，罗马还要向那些买得起喷泉和花园的人提供更多的水，让他们有炫耀的机会。这是一个很难平衡的问题，所以社会上一直存在着这样的辩论：在道德层面上，谁有权获得更多份额的水？后来，社会上出现了一种更合理的分配水的方法，那就是增加供水场所的数量，使更多的人能够分配到水。通过修建浴室，罗马人做到了这一点。罗马城内有865个大小不一的浴室，从皇家建筑到规模较小的私人设施，应有尽有。

沐浴是一种可以大方用水的表达。它不仅出现在罗马，也出现在罗马周边的城市。罗马市郊的港口奥斯提亚（Ostia）

古城已被充分发掘，向游客展现出一种充满活力的罗马式居住氛围。奥斯提亚看上去很低调，但城市中至少有 14 个公共浴室（想象一下，就如同现代城市的一个小社区中有 14 个保龄球馆、14 个夜市或 14 个公共游泳池，密度是极高的）。对古奥斯提亚人来说，出门是一种受欢迎的缓解家庭压力的办法，否则他们就只能持续待在拥挤、令人窒息的居住区中。公共浴室只是与居住区形成鲜明对比的公共空间之一，除公共浴室外，城市中还有全年营业的餐厅、剧院演出和角斗士比赛。这些休闲空间完全融入了城市的供水和交通设施。通过修建公共空间，古罗马人证明了基础设施可以将社会空间统一起来。

垃圾处理

如果城墙不完整，可能还有一些其他方法来保卫城市和个人安全，比如在战争即将来临时逃往农村；如果没有修建供水系统，可能也会有其他的取水方法，比如去最近的水井或河边打水。但是，如果没有垃圾处理系统，那麻烦就大了。人们每天都能看到堆积如山的垃圾，闻到垃圾的臭味。对于他们来说，处理垃圾的需求比对城墙和供水的需求更为迫切。与城市生活的其他部分相比，生活垃圾的处理对周围邻居和社区的影响更大。试想，不管你是在战乱中自行逃生，还是自己去河流中取水，这些行为都不会对邻居产生影响。但是，如果你自作主张地把垃圾扔在邻居的院子里，那你不仅解决不了问题，还会激化邻里矛盾。臭气熏天的垃圾还会吸引流浪狗和害虫。所以，不管是出于道义还是实际，乱扔垃圾往往都被认为是极不恰当的行为。

城市居民对垃圾处理基础设施的高度重视始于一件简单的小事——上厕所。每一个人每一天都在生产“垃圾”。在高度整洁的现代世界里，我们早已习惯把人的这项基本特性抛之脑后。但在古代城市，甚至在现代一些不太发达的地区，生活的副产品在某种程度上并不那么容易被遗忘。在古代，处理人类排泄物的方法是有限的；特别是当管道系统还没有大规模投入使用时，处理日常排泄物的问题非常棘手。有时候，城市会让居民使用流动卫生站；但如果连这个都没钱弄，唯一的选择就只能是蹲粪坑和露天排便了。这对于现代人来说是不可想象的，可能只有在博览会或节日活动中经历找不到厕所的不悦时，我们才会意识到厕所作为基础设施的重要性。

毫无疑问，过去的城市居住区比当代的居住区更臭、更乱，这点从以前的著作中也能得到印证。2000 年前，罗马作家尤维纳利斯[①]就曾抱怨：自己走在街上，稍不注意就可能淋

---

① 尤维纳利斯（Decimus Junius Juvenalis，约 60—140 年），罗马著名的讽刺诗人。——译者注

到从楼上的窗户里洒出的一夜壶“垃圾”。最经典的例子要数杜加（Dougga）古罗马遗址著名的“十二座厕所”，它被精心地设计成半圆形，让聚集在这儿的同伴们能一边聊天，一边“接受自然的召唤”。在世界上的其他地方，厕所设施都修建在室内。排泄物被聚集在一个精心设计的地下污水坑里；但有时，污水也会直接从房子里流出，流到住宅之间的公共区域，吓到旁边的居民们。与厕所相关的反社会行为（包括恐吓和羞辱他人）也开始出现。在美索不达米亚，人们创造了一个叫“舒拉”（Shulak）的厕所恶魔形象，他潜伏在黑暗的地方，被认为是疾病的罪魁祸首。公元9世纪，日本首都奈良（Nara）的官员们严禁厕所违规行为，他们在行政法令中严厉地指出，“未经处理的污水应被禁止排放到住宅外”。

淡水可以在重力的作用下流向管道或渡槽，污水也同样如此。暴雨倾盆时，行走在街道上，我们会注意到雨水冲刷地面，夹带着脏物一起流入排水沟。为什么在重力作用下城市排污（包括可见的雨水和地下的污水）会如此顺畅？因为没有人修建私人排水沟，也没有人私自改造街道的坡度来把污水引往特定方向。在基础设施的建设实施过程中，人们的选择很重要，会影响后世好几代人在城市中的生活方式。还是拿污水排放来说，街道的整体坡度是排污的关键，会对周边居民产生巨大的影响。所以，在城市创建之初，管理者就制定了市民行为准则，防止居民私自改建而影响街道的整体坡度。在日本奈良，当地官员非常关注污水问题，他们警告当地市民："我们发现，许多邻接排水沟的住宅都安装了水闸，人为阻流。这种行为将导致附近墙体的根基受损，街道泥泞不堪。"

在布拉克和特奥蒂华坎这样的早期城市，我们很少见到关于水和垃圾的文字记录，因为文字是在这些城市存在了一段时间之后才发明的。就像对城墙的研究一样，考古研究往往是了解城市初期基础设施的唯一途径。公元前 3200 年，美索不达米亚的乌鲁克在一座宗教建筑中修建了第一个厕所（神职人员可以对抗悄悄逼近的厕所恶魔舒拉）。坑式厕所的形式在该地区保留了数千年，有时人们还会用特制的陶瓷环对厕坑进行加固。

虽然有文献可查，不过对考古学家而言，历史与科学相结合的方法仍然可以带来不同的收获。奈良的现代调查人员指出，奈良并不是该地区的第一个首都。在此之前，藤原（Fujiwara）也曾出现过一处较早的聚居地。按照 7 世纪末的规划，藤原聚居点本应扩大到"3 英里 ×3 英里"的规模。然而，藤原复杂的水道工程存在一个重大缺陷。按照皇权为尊的文化理念，人们将宫殿修建在了聚居区的北边。可是，藤原的地势南高北低，这样一来，宫殿区建筑的海拔低于平民居住区，导致平民区的污水流向了宫殿区。因此，在迁都奈良之前，藤原仅充当了大约 16 年的首都。从历史的角度来看，奈良法令中尤其重视污水问题，这显然是当地人对于藤原污水问题留下的惨痛回忆的一种反思。

可以想象，在讨论藤原的水道、污水和垃圾时，人们肯定会经常说“早就知道会这样”。但这种情况究竟是如何出现的？是因为最初的定居者忽视了地形地貌，还是因为后来的居民过度排放，超出了道路坡度自然排污的能力范围？一部分评论家对此提出了质疑，认为在城市的布局设计中，宫殿的方位不应该被设定得太过严格；比起是否位处北边，规划者更应该考虑宫殿是否处于位置更佳的城市排水系统上游。如果宫殿已然建成，那就更应该注意维护。奈良法令中也提到了这一点：“政府应该指示犯人每 6 天清扫一次宫外，以及下雨后清理宫殿内的污水和厕所的排水沟。”这又是从藤原城市规划失败中学到的令人记忆犹新的教训。

污水处理基础设施是由水管、水槽和中转装置等元件构成的，一旦完成，后代只能在前几代人确定的参数范围内进行修改。正如今天曼哈顿的厕所产生的污水还是会流进有一个多世纪历史的下水道系统，古老的基础设施会一直限制污水的处理方式，并对之后的一切规划产生影响。这就像在一门语言中，不论新的单词如何演化组合，它们都无法突破固定的语法结构。建造完涵洞和管道后，人们还需要讨论污水的定义和确切构成。19 世纪 50 年代，巴黎市民就是否应该将人类排泄物排入下水道这一问题展开过争论。渐渐地，“都排进下水道”的呼声开始占据上风，从那之后，几乎所有废物都被排入下水道了。我们可以想象，在摩亨佐－达罗和奈良也会发生类似的对话和争论，持怀疑态度的新来者被说服去接受旧城市居民的习惯，最终认同将人类的排泄物和其他所有废物都排入下水道。

奥斯曼巴黎改造计划是 19 世纪中期著名的环境治理和下水道建设项目。它不是瞬间完成的工程，而是一个漫长的对话和反复交流的过程。毫无疑问，奥斯曼男爵是这一伟大项目的发起者，但这并不是他一个人的功劳。历史学家马修·甘迪（Matthew Gandy）指出：“从现在的角度来看，巴黎的污水处理系统直到第二帝国垮台后才变得现代化。19 世纪 90 年代，为了应对生活用水使用量的增加和霍乱的持续威胁，相关立法终于有了新的进展。”巴黎的污水处理系统是无数次日常用水决策的结果。比如，随着卫生观念的发展，人们洗澡的频率也越来越高。靠衣服、鞋子、帽子和首饰等物品在公共场合展现自我，诸如此类的行为是另一种不显眼的消费。居伊·德·莫泊桑（Guy de Maupassant）在 1884 年出版的小说《项链》（*The Necklace*）正是以这个时代为背景的。在《项链》的故事中，一个中产阶级女人因为借用了一条钻石项链而对自己产生了灾难性的影响。所以，消费是改变人们对基础设施看法的关键因素。随着对各种东西（如水）的使用增加，人们随之习得了一些新概念。举例来说，学习有关疾病的科学知识成为城市中产阶级教育的一部分。

在污水处理问题上，伦敦也纠结了很长一段时间。包括中世纪和文艺复兴时期在内的几个世纪中，流入伦敦的自来水一直与污水分开，污水中的一些废物会在当地的污水坑被收集起来，作为肥料运到农村。这一切在1815年发生了改变。那一年，伦敦开始允许住宅垃圾通过下水道排入泰晤士河。问题立刻出现了，河水根本无法吸收大量未经处理的污水。到了1858年夏天，泰晤士河的恶臭已经变得极其严重，以至于有了“大臭河”（Great Stink）的绰号。直到议会大厦沿着河边新建后，政府才开始采取行动解决这个问题，其主要措施是把污泥排到周围的农田中。如今，议会大厦灯火通明，中央地区游客云集，似乎扫除了19世纪的阴霾。但是，在历史上的整个相关时期，垃圾一直在向农村转移。到了1886年，伦敦下水道产生的污水和垃圾已经超过了农村所能吸收的量。多出的垃圾被卡车运走，倾倒在大海中——这种做法一直持续到了1998年！

洛杉矶的自然条件尽管与温和多雨的欧洲截然不同，但是在发展过程中，洛杉矶人对废物和水的看法也出现了与巴黎、伦敦类似的演变。在美国西部，河流的流量波动剧烈，时而干旱，时而洪水，远不如塞纳河或泰晤士河那么具有可预测性，这使得它们无法满足商业运输或发电的稳定需求。到了 19 世纪后半叶，关于洛杉矶河的讨论主要集中在人们对其不可预测性的恐惧上。这条河很容易暴发洪水，所以，人们认为它除了作为垃圾场外毫无用处。随着城市发展，人们越来越需要完善下水道系统。于是，关于废水处理问题的讨论越发热烈，其重要性变得与沙漠环境下的供水问题不相上下。1889 年《洛杉矶时报》（*Los Angeles Times*）的一篇社论宣称：与修建下水道的成本相比，洛杉矶河为垃圾处理提供了一条廉价而简单的“自然路线”。舆论也对此持相同意见。3 年后，选民们批准了一项修建下水道的计划。尽管如此，从某种意义上说，人们直至今日仍然把洛杉矶河当作一条排污之河。

道路建设

你并非城市的建造者，只是一个普通的市民。但走在街道上，你总会有一种感觉，仿佛自己就是城市的主人。当初规划这条街道的人物、时间、目的，通通都不重要；重要的是“现在”，是你日常行走的道路、桥梁，是你购买的商品和服务，是你每天上的班或上的学，是你和家人、朋友的聚会。就算你经常乘坐公共交通、打车或自己开车，也总有一些需要徒步的时候，比如从商店走到办公室，或从咖啡馆走到健身房。那时，你会被无数的陌生人包围：有人与你相伴而行，有人与你擦肩而过，有人跟你撞个满怀，有人突然跑步飞奔。这些都是城市生活的一部分，它们向你证明，无论你在做什么、要去哪里，你的事情都很重要，因为你要做的也正是其他许多人想要做的。

对我们脚下的城市道路而言，历史扮演着重要的角色。不管车道还是人行道，它们都是很久以前无数次对话的结果，最终才成了今天的样子。关于街道的宽度和人行道的宽度（甚至是关于“是否应该设人行道”，因为有人认为应该优先考虑车辆交通），人们都曾经有过激烈的辩论。此外，人们还对街道应该如何铺设、由谁来做这项工作、如何支付工人工资等问题展开了讨论。不论当年的讨论如何，我们都不能否认：道路的作用是日积月累的，它们超越了时代变化中的技术限制。有一些现代城市的宽阔道路原本是为马车通行而设计的，现在却可以轻松地承载汽车和公交车。虽然铁轨涉及的科技相对单一，可以通过开辟新的接合点和支线来实现自身网络的持续发展，火车的动力技术却是从煤炭、柴油到电力不断变化的。所以，当某些铁轨线路被不断进化的火车完全抛弃后，它们就会被改造成人行道或慢跑道，从城市中直线穿过。科技的发展也会催生新的对话。就像自行车虽然在大约一个世纪前才被发明，现在已经从一些亚洲城市的景观中消失了；与此同时，自行车在欧美城市中的使用却越来越普遍。自行车不仅提高了交通效率，还为人们带来了健康和环保等道德收益。为了顺应这一趋势，工程师们现在开始把自行车道和停车位嵌入曾经的汽车优先的空间中。最近，电动滑板车和平衡车的出现也引发了新的讨论和争议，究竟应该把它们当作机动车对待，还是应该当作一种增强的步行运动来对待？它们又该归于马路还是人行道呢？

过去的人们没有机动交通工具，但他们仍然面临挑战，要为包括行人在内的多个运动主体创建道路。行人，头顶沉重货物的人，被赶往市场里的动物群，驮着货物的驴、马和骆驼还有手推车……这些运动主体都在城市中互相推挤着，走来走去。从农村通往城市的道路也是必不可少的。正如杰森・乌尔对古代美索不达米亚的研究所揭示的那样，道路以一种辐射的方式，从城市中心放射状地延伸向周围的乡村。今天的我们或许很难想象古代世界的交通。那时，所有的东西都是由人类携带、动物背驮或船只运送进入城市的。这在我们看来具有很多局限，但似乎并不困扰着古代人。不仅如此，这些局限也丝毫没有减少进入古代城市的商品数量。根据美索不达米亚城市的楔形文字记录，曾经有成千上万只绵羊和山羊进入市场；中国的文档也记录，有大量奢侈品从东南亚海运而来，包括龟甲、象牙和珊瑚。

在古代，墨西哥和中美洲地区拥有最密集、最具市场导向的城市文化，而这些城市中竟然没有牛马！西班牙编年史作家曾来到这些城市，在书中描绘了一幅令人眼花缭乱的消费品陈列场景。同时，考古记录显示，市场中有破损的货物，还有烹饪及制造过程中留下的残余污垢，这说明消费者可选择的商品具有多样性。在“新世界”的一些地区里，最大的家养动物是狗。出于某些原因，负责运输南美洲主食的骆驼和羊驼从未进入北方。然而这些地区之间的确有联系，因为玉米作为主食首先出现在墨西哥，后来就变成了整个安第斯山脉地区非常重要和受欢迎的主食。在墨西哥，特奥蒂华坎及其庞大的金字塔建筑群完全是由人类建造和维护的；在整个玛雅和阿兹特克文明中，从贝壳到蒸煮锅，再到会被蒸馏成辛辣的龙舌兰酒的龙舌兰……每一件物品都是靠人一点点驮过来的。

玛雅人、阿兹特克人和特奥蒂华坎人都曾建设道路，改善乡村交通。穿越沼泽、高地和丛林有很多方法，但一条正式的道路能让方向变得更加明确。如果你曾经在乡村和荒野里徒步旅行过，你应该能体会那种找到一条小路后的放松感和安全感。踏上这条路，你能感觉即将到来的旅程会很顺利，因为你知道自己没有偏离路线，这条道路可以引导你到达目的地。过去的一些人修好了路，希望未来能为你这样的旅行者提供方便。与在树木和巨石之中选择道路相比，沿着这条道路行走肯定更容易，它可以让你集中精力，带着沉重的背包到达最终的目的地。再想象一下道路给人带来的安全感：你带着30磅重的棉花、盐或玉米，将要穿越满是毒蛇的热带沼泽，这时你就会认同，修建道路属于发展经济和社会网络的基础部分。

1000多年前，在炎热潮湿的尤卡坦半岛，古玛雅人建造了一种叫作“sacbe”的高架道路。它在城市地区纵横交错，连接了中心广场和远郊，也连接了城市与乡村。道路建设所投入的劳动力（这些劳动力可能是从其他大型建设项目中转移过来的，比如修建城墙或挖掘城市水库）成了城市的重要组成部分。在南美洲的安第斯山脉，印加人和他们的祖先瓦里人修建了上下山的道路，直达帝国腹部的城市中心。罗马人也修建了连接到最近都市的道路，这些道路跨越了各种地形，穿越北非的沙滩，穿过不列颠群岛潮湿的森林，向着法国阳光明媚的海岸延伸（今天的法国人还会在自家后院里发现罗马公路上的石头）。

道路不仅能连接人们和想去的地方，还能引导人们去往指定的目的地。玛雅人修建的高架道路并非均匀分布，而是以特定的方向，优先连接农村和城市的一些地区。印加人也没有盲目地模仿祖先修建道路的方式，他们把重点放在了帝国领土内的某些特定社区上。即使在今天，我们也能看到不同的街道和高速公路之间的巨大区别，即使在那些严格网格化的城市，一些道路也会比另一些更宽。关于交通规划的讨论总是会涉及很多细节问题，包括一些看似简单的决定，比如是否要为某个特定区域修建高速公路的入口匝道。地铁线路的延伸促进了城市在特定方向上的扩张，而这些扩张引发的多米诺骨牌效应往往从规划阶段就开始显现：规划中车站附近的房地产价格会上涨，企业家也会利用这个地区与市中心的连通性开发新的商业和住宅项目。

城市规划

建造哥贝克力石阵或巨石阵这样的仪式性建筑时，人们只需要专注于一个项目。相比之下，城市及其内部设计则需要不断投入劳动力，以适应不断变化的社会和自然景观。道路和运河能够方便地进行线性扩展，而看起来已经完工的城墙和城门等设施却总是需要进行更新和改造。大量人口的涌入创造了新的社会变革和经济机会，城市中心的规模一直都处于增长中。居住网络动态地分散扩展，通往农村的道路向四面八方延伸，城市核心就算当初再怎么规整也很快就会变形。当农民开拓新的耕地时，他们也会建造新的运河；如果这些新运河上需要道路通过，那就得再修建新的桥梁。一部分农民通过桥梁进入城市，留下来的农民则面临着更困难的局面，他们只能寻找更加集约化的农业生产方式来提高生产效率。

大自然也会干预人类的计划，迫使人们去考虑那些自然因素造成的环境变化。得克萨斯州休斯敦城的原始聚居点就是一个很好的例子，说明了一座城市在充满挑战的环境中诞生时所包含的决策过程。通过历史记录，我们可以清晰地了解这段过程。19 世纪，生活在墨西哥湾沿岸地区的人聚居在海岸线附近，但这些地区容易遭受频繁的飓风袭击。于是，商人和农场主把目光投向稍远一点的内陆方向，希望能找到一个新的居住地。这个地方最好不要离海岸太远，但自然环境要更安全一些。经过一番寻找后，他们在布法罗湾（Buffalo Bayou）沿岸建立了新的休斯敦定居点。布法罗湾是连接墨西哥湾的天然水域之一，河口本身就是一条蜿蜒的河道，会受到各种水流变化的影响。比如，随着降雨增加，河水会跟着上升并加速流动，在干旱时期则会流速滞缓。它为早期定居者的秩序观念提供了一条粗浅的边界，在这种秩序中，文化与自然被迫交汇，在笔直的街道与蜿蜒的河口相交的地方，休斯敦诞生了。

仔细看地图，你会发现休斯敦在规划中对其他一些方面也有布局。比如，在被河流截断的笔直的街道网格中，有专门指定为学校、公共广场和礼拜场所的街区。每一个空间都是根据当时的文化标准确定的，就像某些被预留来建造宗教场所的街区被特别指定为“教堂”，而不是其他一些信仰的礼拜场所。

再比如，教育是百年大计，因此也在空间规划上获得了高度的重视——学校被规划在每一个家庭都方便到达的位置上。可以说，休斯敦对于每一项功能区的规划都是一场交流对话，主题就是在居住背景和经济增长框架内去改造周围环境。这场对话也包含着对创始人智慧的表彰，以及下一阶段增长方向的推测。今天，飞越休斯敦上空时，你可以看见一幅城市延伸到周围乡村的壮丽图画：遍布郊区的农场被像神经一样的高速公路连接到绕城轨道上。不过，尽管已经对城市与海岸线的相对位置进行了优先考虑，大自然母亲还是威力犹存。当飓风从海上向内陆袭击时，休斯敦市中心偶尔仍会遭受布法罗湾泛滥之苦。

无论是休斯敦还是其他城市，通过考古学的视角，我们都能看到城市在居住之前的规划痕迹。有证据表明，就算是那些缺乏规划概念的城市，它们也具有远见卓识。比如，城市里有一条宽阔的主干道或大运河，将空间锚定，让人们的视线可以横穿整个城市。一旦主线道路被布置好，剩下的道路通常就能由进入城市空间的人们逐步填充。比如，垂直于主干道的小路一点点地向外延伸，虽然一般不是很直，但每条小路都能延伸到周围的乡村，连接新建的住宅。在城市核心区域，历史沿袭的结构代代相传，城市景观被定格为一种三维立体的呈现。古老的技术丰富了城市的层次。举个例子，在道路旁边，某家商店有厚厚的、破碎的紫色玻璃棱镜，它曾经是光线穿透到地下室昏暗角落的唯一载体。今天，当我们路过这些紫色玻璃时，甚至不会多看它一眼，只觉得它是另一种类型的人行道，掩盖着脚下鲜活的基础设施世界。

我们亲历了一些设备的淘汰，比如固定电话。现在，我们大多数人已经忘记了过去用固定电话时被约束的感觉。不过，我们还能在建筑侧面看见形状奇怪的电话亭标志或轮廓古朴的旋转拨号电话标志，它们至今依然是连接的象征（就像 3.5 寸磁盘一样，虽然磁盘本身早已过时，但它仍然是文字处理软件中“保存”的图标）。在现代城市里，移动通信已经取代了固定电话，原因很简单，对于家庭来说，固定电话的安装成本更高。我们可以把移动电话技术看作实体道路的虚拟扩展。人们用自己的设备组成了网络，将成千上万的个人行为所产生的连接模式组合在一起。

正如固定电话的消亡一样，单一基础设施的变化会导致其他一连串的后续变化。除了旋转式拨号电话被新技术取代，随着手机扫描软件和联网复印机的出现，传真机也逐渐退出了历史舞台。这些变化是系统的所有组成部分互动产生的结果，包括设计基础结构的人、有权创建和控制硬件软件的人、实际使用这些技术从而让这些技术能继续存在的人。政府监管机构规定了建立信号塔的地点、无线电的可用频率；以此为基础，企业家不断开发新的手机和应用程序；最终，基于对产品效用、风格和安全性的感知，终端用户通过接受或拒绝新产品的特性来创造市场。这些设备反过来也为消费者们提供了发展新行为的机会，正如移动电话引发了新的社会对话实践一样。手机信号会因墙体阻挡而减弱，因此人们现在更愿意走出大楼，在室外进行以前所谓的“关门对话”。这样一来，我们就可以在城市噪声的背景下分享最私密的时刻，真情流露的对话片段构成了嘈杂街景的一部分。随着时间的推移，越来越多的室内Wi-Fi 网络也开始支持移动通信，这些情景可能会因此再次发生改变。

基础设施是城市设计的有机组成部分，建筑景观是它的骨骼和肌肉，人类生活是它的灵魂。正如考古学家库尔特·安舒兹（Kurt Anschuetz）和他的同事所说的，水管、电路、道路和墙壁“让基础设施成了所有社区活动的舞台，而人们的日常活动、信仰和价值观则为这些物理空间赋予了真正的意义”。但基础设施并不只是空间的附属，它还会主动引发一些事情，产生社会影响。例如，运河有起点也有终点，获益最大的是那些靠运河收到珍稀货物的人。类似地，道路也具有方向性，它无声地选定了哪些人能拥有最直接的资源获取权。墙壁决定了谁应该待在室内、谁应该待在室外，这意味着一些人和群体会比其他人更能得到社会的认可。手机信号塔在城市的不同区域有着不同的覆盖范围，这也在地图上形成了优势和劣势的区域划分——这种划分有时与自然地形相吻合，有时则与财富和特权的“社会地形”相匹配。

古代陶器

第七章　消费协奏曲

在考古博物馆中，几乎所有我们能看见的东西都很美丽。即便是希腊花瓶的碎片也美得摄人心魄。小型雕像只有面部和手部留存至今，但也能唤起观赏者的万千思绪。我们想象自己同那些曾铸造、拥有这些物件的人们心灵相通，能够体会到那些摔碎花瓶、遗失珍宝的人的悲痛，而今这些珍宝只能孤零零地待在博物馆的展台上了。当那位古罗马时期的女士看着自己的戒指从指尖滑落，溜进公共浴室的下水道的时候，她一定感到心痛万分，这感受就同今日我们看着心爱的珠宝掉进机场的水槽、落入人行道旁的下水道中，知道这珠宝再也取不回来的时候一样。而那把青铜匕首又是如何遗失的？是它的主人在一场战役中英勇战死，归于尘土之时缓缓松开了自己的手吗？还是它的主人遭遇战败，在慌乱撤退的途中遗失了它呢？又或者，是为了向一位曾经功勋卓著的老者表示敬意，人们将这把匕首置于他的墓中？也有可能是匕首被主人的小孩带到丛林中，玩闹间掉进了森林里交错纵横的茂密枝叶中。

当我们漫步于博物馆时，我们可以为每一件封存于无菌玻璃橱窗中的文物想象出一个故事。实际上，它们背后的故事远比我们所能想到的要多得多。每一件展品的背后，都有数以千计的文物储存在幕后的储藏室里。其中一些文物和你在展出时看到的那些展品一样可爱，但也有很多文物并不同样讨人喜欢。数以百万计的文物形体笨拙、面目丑陋，并不适合陈列在博物馆中供人阖家观赏（如果你好奇这些希腊花瓶的另一面是什么样子的，你可以大胆想象，事实上面向墙的那一面绘着的都是些色情场景）。有时，库中的文物即便保存完整也不能展出，因为我们总认为古代美学成就在某种程度上应高于现代美学，而这些文物会打破我们的期望。我们根本不希望看到没有美感的文物，而博物馆馆长也默认了这一点，将那些不那么令人赏心悦目的文物置于公众的视野之外。然而，当我们只将注意力放在美丽的文物上时，我们就一次又一次地掩盖了一个关于古代生活，尤其是关于古代城市生活的重要事实，那就是古代的人们也制造、使用并且丢弃了大量普通的日常用品。

作为一名考古学家，我可以明确地告诉你，这世上有很多丑陋的文物。其中最丑的是美索不达米亚的斜沿碗，人们亲切地称它为 BRB。斜沿碗差不多和大麦片碗同等大小，碗沿厚，碗底平，就像一个普通的花盆。得益于略厚的碗沿，即便碗面油腻潮湿，人们也可以用一只手轻松地将它拿起，而且放下之后碗也不容易翻倒。斜沿碗就好像古时候的一次性塑料杯，上百万人都在制造它，并在使用了一次或两次之后，又全部将它们丢弃了。斜沿碗有时由手工制成，有时用模具制成，总是十分粗糙。碗面上满是肿块，是由未经充分准备、难以黏合的黏土制作，并在低温下烧制而成的。它的价值和看上去一样廉价。我曾在密歇根大学攻读研究生，密歇根大学博物馆收集的斜沿碗每年都能在年度馆长舞会上荣获“最丑文物”这一殊荣。

然而，美索不达米亚斜沿碗丑陋至极的外表下仍有其内在美，即它揭示了城市中生产、消费和废弃的真正作用。像现代的一次性杯一样，斜沿碗是用来盛装食物的，在公元前 4 世纪末，人们就是用斜沿碗把食物分配给最早期的城市劳动者的。当时的经济体系由易货贸易作为支撑，交易量颇大，因为当时还没有出现货币。事实上，城市化的出现早于货币 3000 多年，因此有许多繁荣的城市经济是靠易货贸易、赊销赊购、延迟互惠以及生产者、经销商和消费者之间的社会关系得以维系的。如果人们整天织造纺织品或建造建筑物，他们就没有时间去照料农场、种植粮食，而用一次性斜沿碗分发食物就解决了专业化分工带来的挑战。我们今天也面临着同样的挑战：如果我们在办公室或工厂里工作，我们的确在谋生，但我们并没有直接种植粮食。为了将我们所做的工作转化为粮食，我们需要市场或相关机构这样的中间代理来为我们提供所需的食物，这样当我们下班回家时，我们和我们的家人就能够填饱肚子。

对于古代的美索不达米亚人而言，他们的中间代理是城中寺。城中寺位于市中心，一般来说，除了一座巨大的金字形神塔，城中寺内还建有不断扩张的库房和祭司住宅。城中寺是布拉克、巴比伦等古代城市的中心设施之一。它用途多样，不仅能够供奉宗教神灵，还能作为存放统治者捐赠品的实用库房来用。寺庙将田地和羊群的贸易所得重新分配给寺里的工人，也分发给雇用来织造纺织品的众多女性。被丢弃在古代遗址中的斜沿碗的数量非常惊人，它们堆积在一起与我们今天人口最密集地区的垃圾场不相上下。由此可以看出，生活在城中寺一类设施中的人非常多。在伊朗的乔加米什遗址（Chogha Mish）中，考古学家在短短两季的时间内就挖掘并修复了 25 万个斜沿碗。要知道，规模最大的考古挖掘行动也只能清理半个赛级泳池容量的泥土。由此你可以想象，仅仅是挖掘这个古代遗迹一小部分的文物就足以让研究人员深感绝望。

在对位于危地马拉（Guatemala）的古玛雅中心城邦蒂卡尔进行挖掘的过程中，人们发现了另一个城市垃圾的鲜明案例。蒂卡尔城邦非常庞大并且构造复杂，有许多金字塔和宫殿坐落于此，人们通常认为考古学家只会专注于研究此类名声在外且引人注目的历史遗迹。然而，想要真正了解古代城市的生活方式，还是要着眼于常规且看似平凡的日常生活。得益于考古学家维维安·布罗曼（Vivian Broman）的工作，我们获得了关于古代垃圾场的详细资料，这些资料足以与对崇高仪式结构进行的研究相媲美。她所挖掘的地下深层垃圾厂是由一座古代广场的废弃物构成的，其中包括各种废弃的市场物品和仪式用具，如大型陶罐的碎片和小型雕像的头部。就同我们在木屋背后、街头巷尾和城市公共空间外围见到的垃圾一样，数量不断堆积的废弃物无情地揭示了城市生产、商业以及消费的规模。

乔加米什遗址和蒂卡尔遗址并非个例。我所挖掘、到访或是读到过的所有城市中心区遗址都有着同样数目惊人的废弃人工制品。我曾在位于突尼斯的古罗马城市莱普蒂米努斯研究堆积成山的废弃双耳瓶，也曾在西素帕勒格勒赫遗址挖掘数量庞大的废弃饭碗。我的同事的遭遇也值得同情，由于挖掘出的大量文物材料需要进行清点和归类，因此他们的挖掘成果发表计划陷于停滞，有时甚至得延缓长达几年的时间，直至清点、归类的工作完成。我曾站在考古探沟边上向当地的工人和学生解释，我们真的希望能够收集起每一片陶瓷碎片，这样我们才能够记录下古代制造业和工具用途的所有影响。一个城市遗迹挖掘点挖掘出的陶瓷碎片往往比尘土还要多，有时把陶器从泥土中挖掘出来花了我们太多时间，以至于我们不得不放弃某些探沟，转向另外一部分挖掘点继续工作。然而，不论我们研究哪一座古代城市，我们都没有办法很快下定决心放弃。

一次性文化的想法似乎违反人类的直觉和本能。如果说城市中心的生活成本比在农村自给自足要更加昂贵，每制造一件手工制品都需要负担原材料和成品的运输成本，而且当时光是将粮食运往城镇和适应新型的劳动方式就已经让人们比以往任何时候都更加忙碌了，那么，人们为什么还要专门制造一次性用品呢？我们已经知道，早期的人类热衷于制造工艺完美无缺但并不实用的手斧，热衷于制造并且佩戴珠串，他们的珠串越长，在社会交往中的话语就越响亮。人们对于富足的追求早在城市化之前就已存在。这种想要获取并且展示物品的欲望虽然不是随着城市的出现而产生的，但的确是在城市区域制造能力不断加强的情况下加剧的。

垃圾也能够反映一些社会状况，因为从垃圾中可以看出一个家庭的情况。设想一下今天你是如何看待邻居的垃圾的，如果可回收垃圾箱里满是瓶子，这意味着邻居家举办了一场大派对。垃圾是肯定物质富足的徽章，它是一个明确的标志，证明扔掉垃圾的人有能力消费这些瓶瓶罐罐里的物品，或是有能力购买新的物品以淘汰破损的旧物。毫无疑问，即便美索不达米亚人已经拥有了很多碗，他们还想要更多的碗，同时他们也想要更多放在那些碗里的食物。在风格时尚的快速更迭中，紧跟潮流的唯一方式就是处理掉一些物品，最简单的解决办法就是将它们直接扔进垃圾桶，或者将它们捐赠给需要这些废弃物的个人或机构。总而言之，垃圾过多不是现代才有的问题，而是城市的必然产物。

虽然精明的制造商会尽可能地努力收回他们在原材料上投入的成本，但是制造过程本身仍会产生大量垃圾。在生产金属制品、玻璃制品或塑料制品的过程中，剩余的边角料可以在下一轮生产中再次利用。有瑕疵的蔬菜和水果可以制作成新产品（我们对水果胡萝卜的追捧就是一个典型的例子[①]）。其他废物也可以转化或升级为不同但有用的产品，例如食物垃圾可以堆肥、食用油能够转化为生物燃料，只是这种重复利用需要建立起完全独立的设施去收集并处理废弃物。但一些类型的制造业在处理废弃物方面则面临挑战。例如，木材和皮革废料不能像金属一样重熔再造，而且它们的体积过于庞大，不适合堆肥，也不能喂养饥饿的动物。生产垃圾还包括失败的样本、无法销售的次品和出错的试验品等。古代企业家孜孜不倦地致力于新发明，然而就像现在一样，并不是所有的创新都能成功，那些测试版本自然被丢弃了。

工业废料也包括在运输、展示、出售、交付过程中损坏

---

① 1986年，美国加利福尼亚州的胡萝卜种植者迈克·尤罗赛克（Mike Yurosek）为了卖出表面有瑕疵的胡萝卜，将这些胡萝卜切成几段并进行削皮打磨，这种胡萝卜段很快受到消费者的追捧，被称为“baby carrot”。——译者注

的物品。陶器因其易碎、常需更换成了制造商最青睐的商品，可如果陶器还未到顾客手中就已经在运输过程中或店铺中被打碎，这美梦就化作梦魇了。运输的驴子稍一颠簸，笨手笨脚的学徒略有不慎，一个工艺精巧的黏土埚就会瞬间作废，更不要说顾客在结账之前拿起商品所产生的损坏风险了（不知道古代城市拥挤的市集中是否也立有“损坏需赔偿”的告示牌）。我们能够确信的是，过去滞销商品的数量必然非常庞大，同今日并无差别。

从印度的西素帕勒格勒赫遗址中我们可以窥得一些古代消费状况波动的线索。西素帕勒格勒赫遗址中的废弃物无处不在，数不胜数，其中最迷人的当数样式各异的赤陶装饰，有手镯、珠串、戒指，还有耳钉。这些饰品通过模具制成，是廉价制造业的典型代表。只要雕刻大师制成模具，其未出师（同时薪酬低廉）的学徒就能够一遍遍地用这个模具进行生产。这种使用模具进行生产的模式促进了设计的快速升级，我们所发掘的部分装饰品仍处于崭新状态，表明它们早在损坏之前就因为过时而遭到丢弃。想象一下，有一位制造者制造了一批自己引以为傲的花卉纹样的耳钉，并将它们带往城中的市集出售，却发现当下流行的纹样已经变成几何纹样了。在这个时候，制造者别无他法，也不能将耳钉带回店中，只能折价出售或直接将产品丢弃。就同已经过时的汽车尾翼、蓬蓬裙和录影带放映机无法稍经改动就能重新投入市场一样，古代的制造商也需要面对消费者需求的变化，不得不丢弃一些崭新的产品，任其堆积成山。

但是垃圾并不只是消费行为的产物。在某些场合中，人们制造一些物品的目的就在于毁坏和丢弃它。在古代玛雅世界中，大多数小型雕像都是在垃圾场中发掘的，而且形态支离破碎。这不是因为人们太过于笨手笨脚，或者对仪式活动中的小型雕像缺乏崇敬之情。事实上原因恰恰相反，因为这些小型雕像就是用来打碎的。考古学家的考证表明，绝大多数小型雕像都不是在寺庙、祭坛等宗教场所发现的，而是在住宅的乱石堆中发现的，不论屋主贫富皆是如此。即便到了今天，故意破坏和意外损坏也大不相同。为了给新船只命名，我们在船头打碎一瓶香槟；阖家团聚共庆佳节之时，我们有扯开火鸡或小鸡的许愿骨以求好运的传统；在犹太婚礼上，新人需要踩碎玻璃瓶或其他物件，此举象征 2000 多年前耶路撒冷圣殿遭罗马人毁灭一事，也为婚礼现场添上了几分肃穆，缓和人们欢腾的情绪；中国人在葬礼上和鬼节到来之时会焚烧纸钱，有时是用纸做的冥币，有时也用真实的货币。

经见多识广、目光敏锐的考古学家修复之后，即便是最细小的古代手工艺品的碎片也能提供线索，揭示古代经济、社会交往以及个人和家庭活动积累起的大量成果。一小块只会出现在远方山脉的碎石就能证明当地与外界有远距离的接触，并且是通过当地货商和内陆供应商之间的网络连接起来的。金属器具的碎片证明存在连通原材料、专业制造工匠和销售网络的供应链，产品通常经由行商、集市或者中转小镇，从具备技术知识的专业制造者手中传递到最终的用户手中。陶器碎片是考古学家最好的朋友，它们几乎不可能毁坏，而且只要一小片碎片就能看出这个陶器原本是低成本的普通容器，还是工艺精巧的礼器。如果杯口或瓶底得以保留，我们就能够通过分析陶瓷碎片的形状、装饰和制造工艺，重新构建交通运输、食物储藏以及菜肴烹饪的体系。

每座城市都生产了数量惊人的人工制品，文物之多导致无论有多少人在考古挖掘团队工作，城市挖掘都进展缓慢。试想，挖掘罗马泰斯塔修山上的2500万个古代容器是多么令人绝望（考虑到大多数容器都已碎裂，其实该地有近10亿片陶瓷碎片）。当我们在挖掘印度的古代城市西素帕勒格勒赫的时候，我们将探沟中挖掘出的陶器装在粗布麻袋中称重，一方面是为了便于管理，另一方面是为了通过测量手段来了解不同活动区域的状况。每天傍晚，整支考古队都会聚在一起，报告今日所得，例行计数，比较每人所得陶器的重量。我们围坐在桌旁，学生们便开始报告当日的工作成果，200磅[①]、240磅，或

① 1磅≈0.454千克。——编者注

者 300 磅。紧接着，可能会有一个学生说："我也不明白我的探沟出了什么问题，我今天只挖出了 100 磅。"我们都哈哈大笑，一天从探沟中挖出了 100 磅之多的东西，竟然是"只挖出了"。

古代城市中挖掘出的陶器数量比最早期农耕聚落遗址中的要多得多，后者一季度的文物可能也只够装满一个盒子。今天，我们奉行生态学的观点，害怕自己制造了过多垃圾，即便我们已经尽可能减少使用、再次使用和回收再利用各种物品。其实，我们不应当以垃圾为耻，而应以垃圾为荣。垃圾证明我们已经改变了城市的功能，个人发展和家庭愿望可以在城市中得到充分表达。具有这种功能的物品往往经由大规模生产而成，并且价格相对低廉。一件新的文化衫可以证明我们参加了一场马拉松或一次慈善活动，一顶帽子可能意味着我们与就读的某所大学或与某个俱乐部有联系。而所有物的磨损程度能够反映出我们使用物品的方式，或者这些物品具有什么含义。一件略微磨损却仍深受喜爱的校友衫证明我们长久以来都珍视校友关系，如果这是一件普通的汗衫，我们可能早就将它丢弃了；孩童喜悦之余手绘的咖啡杯让我们想起现已十多岁的子女曾经多么依赖我们；橱柜里放不下的堆积成山的打包盒（也就是现代的一次性斜沿碗）告诉我们，通过餐厅、熟食店、外卖店的运输和中转网络，我们仍和农耕田园世界保持着联系。

我该把这物件放在哪儿

既然城市居民的生活空间比乡村居民少，那么消费对城市生活的重要性就显得格外讽刺。随着人们不断涌入人口密度越来越高的城市，拥挤成为所有城市的普遍现象。如果你想要进行更多的消费活动，你的办法就是购买更多的产品，然后再丢弃它们。但也有一些创造性的方法，能让我们在享受更多产品的同时，不需要为产品的花销和负担发愁。比如，我们可以光顾几家商铺，研究一下展柜的陈列，这样我们不用购买任何东西也能够了解当下的潮流。只要你拎着印有一家时髦商店标识的购物袋，你周围的每一个人都会认为你已经外出并且血拼过一番，没有人会知道袋子中所装的其实都是一些旧物。还有一个节省开支的好办法就是分享。如果你买了一条时髦的围巾，你的朋友购入了一条不一样的围巾，你们就可以交换戴两种不同设计的围巾。这种办法在年轻人之中非常常见，以至于人类学家苏珊·舍尔德（Suzanne Scheld）将这种消费模式命名为“青年世界主义”。

通过代理进行消费十分高效，这说明在城市中，人们可以通过多种方式在不永久拥有产品的情况下进行消费。另一个节省空间的消费窍门是多购买消耗品，例如食物和饮料，或者购买根本没有物质形态的商品，例如电影、戏剧、现场演出和体育赛事。通过消费参加甚至只是观看这些活动，其实是为了有相应的经历以作谈资，从而体现身份，获得归属感。场馆、人群和门票的费用让你能够融入一个社交群体中，并且展示你城里人的身份。即使你当下囊中羞涩，只能参加一些诸如参观公园之类的免费活动，外出一个下午也会让你花点儿钱，比如从小贩那儿买份小吃，或者给孩子买个气球。这些零碎的消费是城市居民生活中必不可少的，每天人们都会为购买这些有形或无形的东西花钱，只为了丰富自己的城市生活体验，或者调解自己高压的生活。

丰富经历的欲望对于古代城市生活而言同样至关重要。在庞贝古城，墙上的涂鸦会告诉人们哪儿是用餐饮酒最好的去处。其中一则写道：

> 在这儿，1 阿里司[①]可以喝到酒，2 阿里司可以喝到更好的酒，4 阿里司可以喝到极品的费乐纳斯酒[②]。

在公元前 1 世纪，即便是工资较低的劳动者也能够在外喝上一晚最低价的酒。虽然罗马城居民的住宅内部设施已经足

① 阿里司（Aes），古罗马青铜币。——译者注
② 费乐纳斯酒（Falernian），古罗马最著名的葡萄酒。——译者注

够舒适诱人，如我们所知，他们已经拥有设备完善的会客厅和精美的马赛克地板，但是人们还是无法抗拒“外出进城”的魅力。城市中心有非常多可供大众参与的娱乐活动，人们需要紧跟时尚潮流，熟知热门场所。在罗马，人们会像我们今日品评艺术和电影一样讨论新上演的戏剧，旅行家也会撰写游记，根据自己的经历品评何处为短途旅行的最佳去处。这之中要数帕夫萨尼亚斯①的作品最为出名，他所撰写的旅行指南最为畅销。罗马攻占希腊之后，希腊语仍作为知识分子间的通用语言得以保留。该书就是用希腊语写成的，目标读者是居住在地中海沿岸的城市人群。帕夫萨尼亚斯打消了人们对旅行者的猜疑，他向读者保证依照他的书旅游绝不会浪费时间，他们会参观到所有好友可能问起的著名景点（在自拍还未问世的年代，人们依靠带回纪念品或学习当地的语言来让他人相信自己确实到访过某地）。

其他城市圈的人也涌现出自我展示的冲动。17世纪早期，在东京［旧称江户（Edo）］刚刚建立起来的时候，这座新城市的文化影响力屈居日本岛另一端的旧都京都之下。为了增强江户的文化正统性，当地居民开展了各式娱乐和旅游项目，对

---

① 帕夫萨尼亚斯（Pausanias），公元2世纪（罗马时代）的希腊地理学家、旅行家。——译者注

于接受过教育的游客而言，朝拜佛祠、神社也囊括其中。旅行手册上推出了针对日本游客规划的旅行线路，和当下的旅行手册近乎相同。手册的作者大肆吹捧江户各种寺庙的优点和独特之处，文字旁配以彩绘的版画插图。这种版画很快成为描绘江户自然景观和世俗场景的独特艺术形式，前者有富士山图，后者有杂耍图和艺妓图为例。这些旅游手册内容丰富，有活动日程表、本地英豪消息等内容，将城内寺庙捧为万能景点，游客可以来此祈求身体健康，可以来此赏鸟，也可以在徐徐清风中赏月。

在江户，旅行指南和新建筑构成了疯狂的反馈循环。新的寺庙纷纷涌现，这些寺庙知道，新的印刷技术能够快速、廉价地传播信息，所以自己必将出名。人们被有关景点的大量描述和新信息所吸引，成群结队地前往参观。这就导致城市文化体系飞速发展，在短短 50 年内，这个城市新建了超过 600 个宗教场所。因此，一位孩童时便搬到早期江户的居民，在其一生之中能够目睹城市经历的翻天覆地的变化，成为方方正正的模样，而正是这些变化引导了城市体验的空间划分。新寺庙的兴建在社会经济范围内为解放女性提供了帮助，人们普遍认为宗教场所可以供女性进行工作和休闲活动，从而在城市范围内为女性提供了参与社会活动和进行社交的新条件。

参观江户的热潮，以及生活在他处的居民对参与令人兴奋的城市发展过程的渴望，同其他古代以及现代城市中普遍的迁徙冲动大同小异。还有什么别的原因能够解释为什么城市居民会享受这种受到局限的视野呢？为什么今天我们都能够忍受这种“被困在盒子里”的感觉呢？城市提供了丰富的社会机会和经济机会，这意味着比起生活在村庄里的祖先，我们在更多情况下需要同时处理多项事务，而城市的物理划分方式能够让我们在潜意识里放松。社区、马路和人类活动区域范围的物理限制从根本上遏制了过度刺激，但人们仍旧保有丰富的自主权，毕竟，当你想要前往某地的时候，你可以选择先右转、后左转，也可以选择先左转、后右转。但是这种选择是有限的，因为在我们出发前往目的地之前，城建规划就已经限制了我们的选择范围。自相矛盾的是，这种限制反而提升了城市的运转效率，通勤者和居民能够通过建筑环境中的限制更加准确地找到自己的目的地。建筑环境引导人们前往著名场所，再不济，对指向场所也是有用的。

展示型消费

社会科学家很少正面看待消费，而是以某种怀疑和蔑视的态度对待人和人工制品之间的相互作用。道德主义者长期对购买这一行为持悲观怀疑的态度，其中当属索尔斯坦·凡勃伦（Thorstein Veblen）最为有名，他于1899年出版的《有闲阶级论》[1]至今仍对经济学方面的创作有着深远的影响。这本书引入了“炫耀性消费”这一概念，嘲弄以物质为标志划分阶级的行为。像大多数学者一样，凡勃伦认为消费行为是一种浪费，并且令人遗憾的是，大规模制造物品的生产方式催生了资本竞赛和攀比之风。凡勃伦并不是第一个批评物质追求的名人，也不会是最后一个。大多数宗教传统都与消费的概念相悖，当然，宗教传统可能更胜一筹，毕竟你不能把买到的东西带上天堂。但城市存在的意义并不在于此，在城市中，此时此地不断发展变化的潜力就像物质世界背后的编码。

考古学家不断地从城市遗迹中挖掘出来自远方的手工艺品。在古代世界，全球主义往往在海港得以体现。从海港的遇难船只和造船厂的垃圾场中我们可以看出交易的规模和范围，泰斯塔修遗迹就是如此。但是，内陆城市地区也同样贸易繁荣。在公元前2000年的青铜时代，中国殷墟古城的许多物

---

① 《有闲阶级论》(*The Theory of the Leisure Class*)是美国社会学家索尔斯坦·凡勃伦在1899年出版的经济学专著，书中提出了“炫耀性消费”的概念，批判了19世纪末期美国上流阶级中那些与企业家密切往来的暴发户，称其为“有闲阶级”(leisure class)。凡勃伦认为，这些有闲阶级通过消费非生存所需的时间与昂贵物品来保持、展现自己的身份地位，同时也脱离了劳动关系，轻视普通劳动者的生产贡献。这个阶级的消费习性将来会影响其他阶级，无形中塑造一种浪费时间、金钱的社会风气。——译者注

品都吸收了其他地区的式样特征，包括河南、山西、陕西、山东和内蒙古等地。在伯利兹卡拉科尔（Caracol, Belize）古城里的内陆玛雅遗址中，可以看出古时候的人们从危地马拉带回黑曜石，从海岸带回贝壳，从众多产地带回翡翠和色彩缤纷的陶器。如同样位于新世界的普卡拉（Pukara）一样，卡拉科尔古城的黑曜石贸易证明长途货物往往是普通家庭组合的基础，而不仅限于上层阶级。

1000 多年前，普埃布拉（Puebla）南部独特的陶器，即著名的橙色陶器传入了墨西哥中部的大都市特奥蒂华坎，两地相距超过 60 英里（要知道，北美大陆没有牲畜可供驱使运输，每一个易碎的瓷器都由人花上几天时间亲自搬运，人们将其放在背包中，或者放在篮子里扛在肩上）。考古学家已经在这儿发现了这么多陶器，以至于他们不得不思考这些陶器究竟是如何运过来的。当时酒店还未出现，远行的商人要如何在目的地过夜？一个说法是，商人在家乡时也可通过人脉网络与目的地居民保持联系。另一个说法是，移民在当地建立起飞地，为后来者提供帮助。普埃布拉生活着许多来自远方的移民，人口数量非常多，足以在城中建立起他们自己的聚居区。以其丰富的材料而闻名的瓦哈卡区（Oaxaca barrio）就属此列，与现在我们城市中的唐人街和小印度相似。

种族和社会多样性的结果之一就是现成的饭菜。外卖在当今城市生活中不可或缺，从曼哈顿和巴黎到内罗毕（Nairobi）和曼谷（Bangkok），皆是如此。人们不论收入高低都能够享受这种饮食方式。你可能会看到一名建筑工人或一名邮递员在路边享用一片比萨或一盘泰式炒粉，你也可能看到一名身着制服的送餐员将一包餐品送往豪宅。但就像城市中的其他一些事务一样，外卖并不是一件现代才有的事情。考古学家的记载表明，古代城市确实存在外卖食品，因为他们在市集发现了堆积如山的容器以及无处不在的一人食分量的废弃餐盒。那么，美索不达米亚的斜沿碗究竟是做什么用的呢？它粗糙的表面即使在油腻时也易于抓握，加上价格低廉、材质坚固，这种陶瓷容器实际上比我们的塑料餐盒还要好一些。

在庞贝古城，考古学家发现了数百家商店，其中外卖食品店占据了主要部分。事实上，罗马人的定居点中随处可见外卖商店和其他商贩，考古学家史蒂文·埃利斯（Steven Ellis）就曾惊讶于罗马街景中“商店所占据的主导地位”。罗马城市的街景对我们来说非常熟悉，在日常生活的每一天，当我们沿着自己城市的街道走在回家、上班或上学的路上时，我们会经过数十家餐馆、售货亭、街头小贩和流动餐车，在罗马城中也是如此。纵观全球，其他古城中的生活也是这样。在插图丰富的阿兹特克帝国相关书籍中，绘有市集上商贩叫卖墨西哥美食塔马利饼的情景，人们想要快速吃顿便饭时，就会在这些塔马利小贩和其他商贩之间进行选择。塔马利本身就种类丰富：肉塔马利、原味塔马利、烧烤塔马利、鱼塔马利、水果塔马利、火鸡蛋塔马利、兔肉塔马利……而且，如果想要追求更加细腻的口感，还有用蜂蜡、蜂蜜和玉米花制成的塔马利。建于13世纪的巴戎寺（Bayon Temple）是吴哥的著名建筑，寺中遍布的雕塑描绘了人们日常衣食住行的真实图景，更有展现人们准备用大锅烹煮食物以及在明火上烧烤肉串等情景的浮雕。在曼谷的大王宫[①]及玉佛寺（Emerald Buddha）的庭院中装饰着数量众多的画作，这些画作描绘了当时的日常生活，其中包括食品摊贩在宫墙外叫卖的景象，士兵、旅客和当地的年轻人都会来此消费。

外卖食品在消费者和生产者中都很受欢迎，因为它为消费者提供了更加多样的选择，也为生产者带来了更多商机。刚刚来到城市的移民除了自己的双手没有什么资源，对于他们来说，外卖产业是通向财富的桥梁。他们只需在初期投入一些购买原料的资金，就可以通过自己的劳动开始赚取收入。这种模式对于想要在城市创业的女性来说尤其合适，她们可以借此补

① 大王宫（Grand Palace）始建于1782年，经历代国王的不断修缮扩建，最终形成了规模宏大的大皇宫建筑群，至今仍金碧辉煌。——译者注

贴家用。曼谷大王宫中就有一幅画展示了女商贩卖货的情形：女商贩坐在垫子上，面前摆着两大锅食物、一个水罐和一排香蕉，手上拿着一摞整齐的碗，她正同一位女客人和一个孩子交谈，而孩子正一脸兴奋地指着美味的食物。这样的城市场景无处不在，这幅小插图让人联想起现代印度的茶铺、圣萨尔瓦多（San Salvador）的普铺萨玉米饼摊位和加纳（Ghana）的食物贩售亭所累积的庞大经济实力，这之中90%的街头商贩是女性。

在商贩还未成体系、未脱离食品推车和临时摊位而常驻于某一商铺时，充满异域风情的社区往往依托食物融入城市，例如世界上的众多唐人街、韩国城和小埃塞俄比亚区。外卖还有其他经济效益，因为若是想要消费现成的餐食，购买外卖要比让邻近居民把食品原料放在炊具一起进行烹煮更便宜、高效。随着食品商贩形成规模经济，商贩们便能提供更具特色的产品，使顾客以最低的价格品尝到种类更多的食物。纽约的百吉饼、德里的薄饼、上海的粥、墨西哥城的塔马利、巴黎的可颂以及圣保罗的炸丸子，都是很便宜但很难小分量制作的食物。如果人们只在家里烹调这些食物，那么它们绝无可能如此流行，也不可能成为城市的特色食品。

钱都花在哪儿了

生活成本几乎占据了所有城市居民的大脑。城市中的所有东西——不论是一条面包还是房租，或是按揭贷款都有定价，很少有人会认为自己的财富足以购买所有自己需要和想要的东西。但鲜有城市居民想要存钱，在城市里，我们之所以想拥有更多财富，不是因为我们想要把这些钱存起来，而是因为我们想要用这些钱消费。额外津贴或意外之财正是我们所需要的，我们可以用这笔钱来抓住城市中曾经遥不可及的诱人机会，也许是两场戏剧的门票，也许是饱餐一顿，也可能是在游乐场中玩一天。

我们已经谈到过所有城市发展初期会发生的事，例如将人们联系在一起的基础设施、稀少但不断发展的食物供应以及接受陌生人成为自己的邻居。然而，还有一些事物，你认为它们是城市初期发展的一部分，但其实并不是，那就是现金。我们认为现金是经济运作非常重要的润滑剂，但是几千年来，人们在没有现金的情况下参与了无数复杂的日常城市经济活动。现金也不是人们在城市化发展的过程中立刻发明出来的。由于经济、社会和宗教活动的集中发展，我们可能曾期望有更简单的支付方式，用于交易不同类型的商品（即便你能够想象到用一只羊交换一袋粮食，但如果你只想要半袋粮食，该怎么办呢）。然而，即便书写、创业、中产阶级和城市奢华的品味都已经出现并发展了很久，现金仍然没有出现。在长达 3000 多年的时间里，整个美索不达米亚的城市都有能够提供易货交易的场所，所有牛、羊、山羊、小麦、面包、啤酒和奴隶都是通过这种易货系统流动的。同样，特奥蒂华坎、玛雅、阿兹特克以及整个南美洲的所有居民在同欧洲接触之前，都没有任何货币。

鉴于城市经济在没有货币的情况下也能蓬勃发展，我们不得不先抛开固有的金钱有用论，对交易机制进行更加深入的思考。在经济学发展史上，我们可能认为先有货币，之后才有抽象的债务工具，比如提单、信用卡以及银行贷款。然而事实恰恰相反，借债、还债的概念远在货币出现之前就已经存在了。从远古时代起，人们通过口头或握手来约定债务关系。只是后来由于书写和其他记录方式出现，人们才将原来用脑子记住的交易约定转而用笔记录。这之后又过了很长时间，才出现诸如硬币、纸币一类能够代表价值的物质形式。

若人们的需求能够通过等价物交换满足，此时此地，易货系统就能有效解决问题：我给你这三个土豆以交换那一段绳子，或者我给你这一把豆子来交换那一头奶牛。这样的系统同样能够应付价值存在波动的长期借贷和交易，例如某片土地的使用权，或是有需求时能够获得专业的指点。直到现在，我们还广泛使用易货系统，只是今天大多数的易货协定交换的是时间而不是物品，例如“只要你明天接孩子放学，今天的事就由我来负责”，或者“如果你能完成数据和表格的部分内容，我就负责来写部门报告的第一部分”。易货行为也可以通过记忆得以长期实践，比如“今天轮到我买咖啡”。事实上，大多数社交活动都是时间和资源的循环往复，包括去别人家做客用餐以及互相赠送生日礼物。但如果把所有这些交换都简化成金钱交易，场面就会变得极端尴尬（我们创造礼品卡就是为了避免在友好往来中直接使用金钱）。

易货系统不只限于个人交易，还能够将整个群体关联在相互依赖的架构中，印度半岛的贾吉曼尼制度[①]就是一个鲜明的例子。贾吉曼尼制度的概念始于大约2000年前，是种姓制度内持续存在的一套社会公认的互尽义务的模式。虽然不同种姓的社会阶级不同，但每个群体，从农民到工匠再到牧师，都需要一次次为彼此提供专业产品而不收取明确的费用。因此，农民在收获时节为他人提供农产品，相应地，农民可以根据需要在全年接受其他人的服务，如牧师的祝福。由此产生的相互义务使各种商品和服务能够在社区内流通，而无须通过现金交易。

等到人们发明了货币，它就在城市和农村迅速流行起来。按照我们今日的定义，能够代表并且转移价值的标准金属硬币或纸币称为货币。据此，世界上的第一枚硬币是古希腊人在公元前7世纪发明的，远远早于罗马帝国成立。之后，与希腊人

① 贾吉曼尼制度（jajmani）是印度教高种姓与低种姓之间的世袭制社会互动制度。——译者注

没有直接接触的中国人通过丝绸之路加入货币化的全球经济之中。印度半岛大多数佛教国家硬币的形状大小各异。正如历史学家大卫·M. 夏普斯（David M. Schaps）所言，货币的出现是“革命性的”。在发明货币之后，货币成为人们生活中不可或缺的概念和物件，就像书写、时钟以及我们现在的宽带互联网一样。

一旦人们开始制造和使用货币，货币就迅速蔓延到城市化的网络中，包括地中海沿岸的港口、印度洋沿岸的城市以及中亚绵延沙地上的骆驼小道。由此，我们可能会认为货币对于远程贸易格外有用，但实际上，由于当时没有官方铸币机构，货币很容易被仿造，所以比起货币人们更相信货物。但最终人们还是接受了货币，因为货币携带方便的特性让他们愿意承担受骗的风险（也许是因为他们也可以将任何可疑的东西传递给下一位容易受骗的人）。货币对城市和周遭内陆地区产生的经济影响可能更为深远。内陆的人们更易于相信货币的真实性，因为铸币过程中产生的细微差异可以通过对交易获得的大量货币进行比较而得以确认，而参与远程贸易的小规模混合群体就做不到这一点。

由于货币能够可靠地将笨重的商品转变为便携的购买力符号，农村居民对成本和收益的估算也发生了变化。虽然基于现金交易的农业和单一作物的耕种方式会因缺乏多样性带来新风险，但是农村人口可以将季节性收获和经济作物转变为耐久的货币，存储、贮藏和积累这些货币以备未来的不时之需，由此降低其他风险。钱是一种长期贮藏价值的手段，而一头怀孕的母牛或一筒易腐烂的粮食却无法做到这一点，冰冷无情的现金要比口头承诺或书面合同更加可靠。作为资金的来源，城市为那些在农村冒险却失败的人，那些一开始就缺少土地的人以及那些拥有土地但选择不从事艰苦农耕生活的人提供了备选计划。

除了为农村居民提供更多选择，货币还为富商、宗教组织和城市中的小商贩提供了新的机会。货币也为行乞提供了更多可能，使之成为一种在城市中能够谋生的职业选择。乞丐可以选择如何以及何时用得来的钱购买食物、衣服或满足其他需求。乞丐同临时工和街头艺人一样，事实上也同其他商人一样，都是通过付出即时劳动在城市中谋生存。城市能够稳定地提供现成的食物以及不固定的住所，这些能够维持一个人的生活（比如说，在现代社会中无家可归主要是一种城市现象而非农村现象，这是因为城市能够为无家可归的人提供更多的生存机会）。

货币还有其他用途，它不仅提供了一种方便的价值符号，还体现了其制造地的美学观念。在地中海地区，最早的硬币上刻有神的面孔或古代城市的标志，比如雅典著名的猫头鹰钱币。但没过多久，硬币就变成了可以放进口袋的宣传工具。亚历山大大帝是最早利用硬币在帝国所辖城市为自己扬名的统治者，从古希腊马其顿王国的首都佩拉（Pella），到巴比伦、苏萨（Susa）和波斯波利斯（Persepolis）等美索不达米亚城市——这些城市在被亚历山大大帝征服之前已经存在了数百甚至数千年——再到位于今天的阿富汗的大都市阿伊哈努姆（Ai Khanum）。他的举动很快被其他统治者效仿，罗马帝国的统治者通过频繁地更换钱币上的肖像（以及充分利用罗马字母简要概括其宗教头衔和军事胜利）来传播自己的新成就。

有些钱币对远方的胜利进行了夸张的宣告，比如奥古斯都在年轻时战胜了安东尼（Antony）和克利奥帕特拉（Cleopatra）之后，便在硬币上刻有“亚洲征服者”的字样，仿佛他已经占领了整片大陆。有些硬币上的宣言则通过重复强调以表达一定的愿景。向来谨慎的皇帝克劳狄一世时期的硬币上刻有“S·P·Q·R·P·P·OB·C·S”，这是赞颂克劳狄一世为国家之父、国民之父的首字母缩写，由“元老院和罗马人民”（SPQR）授予（“SPQR”至今仍是全罗马的代表，在罗马城这座不朽之城的井盖或是其他基础设施上都刻有这个缩写）。许多后来的皇帝在他们的硬币上刻有“元老院”的缩写“SC”，表明这是元老院下达的指令，但实际上对皇帝的真实意愿几乎没有什么约束。也有许多针对不识字的民众的宣传手段，例如在小面额硬币上刻上罗马斗兽场的图案。这种理念至今仍然存在，今天我们仍会将奥林匹克运动会、国家公园以及名人等令我们自豪的标志印在便士和卢比上。

货币系统发明之后并没有取代其他的经济交易方式。印度的贾吉曼尼制度就是随着现金经济的发展而出现的，这种现象说明类似的经济互动形式能够同时存在，也证明不断更新的支付方式能够促进经济的蓬勃发展。互负义务的制度能够让消费者定期获取所需的商品和服务，而无须每次都为之支付，生产者同样也利用这种互惠互利的制度为自己谋取利益，从延续至今的贾吉曼尼制度中就可见一斑。印度研究员阿卡纳·乔克希（Archana Choksi）对当代的陶瓷工匠进行了研究，这些陶瓷工匠讲述了他们是如何根据客户的付款类型对生产的陶器进行区别投资的。一位名叫休曼（Suman）的陶艺工匠透露，陶器的质量参差不齐："出售给散客或普通市场的陶器相当粗糙，而对于那些和我们签了一年合同、用粮食和钱来换水罐的客户，我们会照顾他们，给他们更好的水罐。但是最好的产品我们都留着自己用，这些陶器上的彩绘也是最精细的。"

支付策略在今天仍在继续发展。现金会被各种各样的支付方式取代，比如在当地市场用笔记本记录欠款，用塑料做成的借记卡或信用卡消费，以及五花八门的新支付设备，如苹果支付、三星支付、沃尔玛支付以及其他手机钱包应用程序。就算我们完全不使用现金，也不是什么新鲜的事情。我们将重回美索不达米亚早期，那时不论交易数额大小，人们都使用抽象的方式记账，而不需要经手任何货币。

日常生活中的时尚奢华

在过去的6000年里，人类的大部分创新产品都是在城市中开发的。城市地区的人数更多，能够代表更多层次的社会地位和分化程度，这推动了创新精神的发展。更多的消费者意味着生产商有更多机会尝试新颖的造型和风格，这些造型和风格最初可能只会吸引少数人，但最终会变得更受欢迎，进而催生新的生产领域。几乎所有事物都有其成本，但是城市中花费金钱或其他资源以换取时尚服务的想法并不局限于有形商品（但有形商品的数量肯定十分巨大，包括所有使用后遭到丢弃的物品，由它们累积而成的垃圾山现在都成了考古学家的库存了）。

想要在城市人群中脱颖而出，发型是存在最短暂但却最显著的一种方式。就同我们今天一样，不管是大肆张扬还是私下行事，古代世界的每个人都会对自己的头发做点儿什么，而且复原资料中关于发型的信息比人们想象的要多得多。得益于画像、雕像以及房屋和墓葬中的壁画，我们可以很好地了解不同时代的流行发型。例如，古罗马的大量雕像表明，当时的精英女性每隔10年就要换一种发型潮流，从小卷发到松散凌乱的波浪卷，再到精致的高髻盘发。发型是高度个性化的创造，需要本人和助手不断进行维护和保养，罗马家庭使用的护发用具看起来和我们现代的卷发棒和剪刀非常相似。在城市中，女性很快就接受了这些潮流引领者的风格，正如我们从朴素的家族墓碑小画像和庞贝古城等古代遗址的壁画中看到的那样。由于曾被火山灰掩埋，庞贝古城的壁画得以保存至今。马赛克地板也显示了当时的时尚潮流，人们通过铺设石质小方块塑造人像，在我们现在看来，那就是低分辨率的、像素化的自拍照。

城市的生产速度之所以快，在一定程度上是因为制作快且成本低。在生产了数百个相同的样品之后，人们就可以仿制商品以降低边际成本。虽然对于现在的人来说，复制品面临工艺性和真实性方面的问题，人们质疑复制在多大程度上是一种合法的创作形式，但古人并没有这样的疑虑，他们很高兴能获得与他人一模一样的新产品。事实上，他们对相似产品和廉价仿冒品欣然接受的态度表明，我们对“仿制品”真伪性的顾虑有些不切实际。在校园媒体《今日商业》（*Business Today*）上的一篇文章中，奥德丽·欧（Audrey Ou）指出，如今的生产者和消费者在制造和购买假冒产品时是串通一气的。该观点尤指时尚界，奥德丽·欧认为：“由于大多数消费者购买服装是出于欲望而非必需，所以他们更想要的是追赶潮流，而不是欣赏创意成就。”虽然留存至今的古代服装非常少，但我们确实能够通过雕塑和雕像等视觉图像来感受时尚复制的效果。从身着宽松长袍的皇帝雕像，到墓碑和石棺上家庭成员的私人肖像，我们可以从大小各异的雕塑中窥得古罗马着装规范的全貌。中国的汉墓也向我们展示了真实的服装等级是如何与每个人的社会地位挂钩的，衣料的数量既体现了墓主的财力，也是其才干的标志。在印度，石雕也同样体现了当时的时尚。在神像和信徒像身上，除了精致平滑的服装外，还有大量的装饰物。

服装仍然是身份和归属感最有力的日常表现之一。如今，世界上的每座城市都有T恤厂商生产印有城市名的便宜T恤供人购买，例如中国香港、迈阿密（Miami）、悉尼（Sydney）、开普敦（Cape Town）等。游客也能够预见购买这些纪念T恤的地点，例如机场和火车站的商店，以及动物园和棒球场等场所的流动商贩。有趣的是，穿这种T恤的不仅有游客，还有当地人。游客将纪念衫带回家是为了证明自己曾到此一游，当地人购买纪念衫则多半是出于对这座城市的认同感。究竟是这座城市的哪一点让我们即便身处其中，也愿意把城市的标志穿在身上？是城市定义了我们，还是我们塑造了城市？

古代当然没有T恤，但有许多和地方特征相关的面料和服装风格。通过购买和展示这两个简单的动作，珠串、头巾、文身、胡须、发型和帽子将城里城外的人联系到一起。大规模生产使这种定制而成的城市熟悉感成为可能，让新来者表现得仿佛一直长居于此地一样。而且，让人们有归属感的并不仅仅是衣着打扮。在家中，人们通过装饰品和小玩意儿来展示自己曾去过何处，表达自己的看法。在古罗马，一些俗气的纪念品数量十分惊人，人们通过参与城市的角斗游戏来赢得这些纪念品，其中有刻着著名角斗士形象的陶制台灯，以及用来纪念特定比赛的吹制玻璃杯。这就像是现在的运动队 T 恤或活动纪念杯，它们十分便宜，几乎每个人都能负担得起。公元 7 世纪，中国的瓷器制造业迅猛发展，景德镇等地的瓷窑生产了数以百万计的瓷器。制瓷工人根据客人的喜好对瓷器的设计进行改动，为中东、日本、欧洲和东非市场打造不同的瓷器和图样。然而，最令人惊讶的是，瓷器本身是非常平凡的东西，中国的瓷器曾被用来给船只压舱，平衡茶叶和丝绸等更轻、更贵的货物，后来却受到世界各地人民的喜爱。

今天，我们被劝诫要把消费看作一种罪恶的快乐，我们想尽办法减轻频繁购买、丢弃商品带来的愧疚。最常见的补救方法是减少、回收、再利用，但是这 3 个概念的落实程度明显各不相同。面对现实吧，再利用令人讨厌。如果我们在外四处奔走，身上带着用过的咖啡杯或者酸奶盒，那么我们要把它们放在哪儿才能一直保存它们，直至将其带到一个能够清洗以备再利用的地方？减少消费的建议很无趣，尤其是在或大或小的城市，消费机会总是诱惑着我们的时候。这些消费能让糟糕的一天好起来，也能让美好的一天好上加好。这么看来，回收是唯一切合实际的选择。回收还有一个好处，就是恰好符合我们想要拥有更多物品的情感需求。为了使回收在现实中能够实现，我们需要专门的垃圾箱来收集可回收物品，专门的货车来运送可回收物品，也需要专门的设施来鉴别、分类、加工和销售可回收物品。如果我们认为处理可回收垃圾与处理其他种类的垃圾有所不同，那就是在自欺欺人。对回收利用的合理批评已经出现，研究人员指出，我们如此仔细分类的大多数可回收物品实际上用处并不大（比如玻璃和纸张），而将塑料熔成新的形状还会消耗大量的水资源。

那么，垃圾是有意义的吗？站在人类生存的角度上，垃圾作为人类创造力的产物，是一个巨大的问题。而这种创造力的绝大多数制造者、销售者和购买者都在城市里。所有最前卫的社会、艺术、音乐和创造性运动不是发生在城市里，就是和城市有着密不可分的联系。但这一过程不是静态的。改变是城市发展至关重要的一环，几乎所有城市中的东西都处在变化之中，从饮食习惯，到服装风格，再到建筑装修和艺术皆是如此。今天，良好的减少浪费计划能够切实减少废弃物的数量，也能够为工人提供就业机会，把餐馆的厨余垃圾加工成动物饲料或是把工业食用油改造成生物燃料。任何有助于减少食品浪费的措施，比如针对市场和餐馆的回收项目，都可以解决城市弱势群体的粮食安全问题，并减少食品供应的结构性不公平。但是，总的来说，我们必须问问自己，为了延伸创造力、获得满足感、体会激烈的情感，为了充分体验城市生活的“流动”而多创造一些不必要的垃圾，究竟值不值得。

那么，谁消耗得最多？正如我们所知，物品可以在不被购买或拥有的情况下被消费，仅仅在市场上看到它们就足以获取关于它们的知识。经历也可以被消费，比如购买一件浓缩了一周旅行记忆的纪念品，甚至根本不需要消费任何有形的副产品。到目前为止，最重要的传统意义上的消费，也就是获取物品并把它们带回家消费，是中产阶级家庭产生的消费。在历史上第一次，城市成了汇聚能买得起更多东西的人的地方。他们用可自由支配的收入来购买有形的财产和无形的经历，并利用这些物品来彰显自己的身份和归属感。随着越来越多来自抄写员、会计师和商店经理这样工作稳定的、收入固定的工作者的资源流向古代城市的中产阶级，后者的可支配收入得以展示在世人眼前。虽然在最顶尖的精英阶层中，每个人可能拥有更多商品，但他们购买的商品种类对经济造成的影响远小于中产阶级。如今，大多数营销、广告和购物广场都是为了促进中产阶级消费（或为了迎合中产阶级的消费欲望）而设计的。中产阶级之所以消费，不只是为了得到商品，更为了通过挑选商品，将商品展示给其他人看来实现自己的目标。

埃及人像，公元 3 世纪

第八章 中产阶级的魔力

关于古代美索不达米亚城市尼普尔的书面文件显示，城市寺庙有一份多达35万只绵羊和山羊的财产清单。对此进行记录，可以绘制与任何现代公司相匹敌的组织结构图！牧民按照约定照管可控数量的动物群，牧民本身也需要监督，以确保动物保持健康并且没有流落农村惨遭下锅。必须有专人负责统筹系统的供求信息，并且记录冬雨、夏旱的年均波动等会影响牧场状况的因素，这些牧场往往远在城墙之外。当牲畜养成时，还必须有人负责计算动物的数量（你不可能让几千只饥饿的绵羊同时在市场的广场上打转，也不可能在工人不足的情况下采集数量过剩的羊毛）。而且，也许还得雇个人来把绵羊和山羊分开。

尼普尔和其他美索不达米亚城市之所以能够承担如此密集的活动，是因为这些城市雇用了专业的管理团队来负责计算和追踪所有的动物。这些中层管理者受过会计、医学和动物科学方面的培训和教育，具备写作和记录的技能，需要对自己决策的过去、现在和未来负责。他们必须对天气、季节和放牧条件了如指掌，还需要计算出古代羊毛期货的等价物，例如用今天羊腿的相对价值来衡量明天对纤维和皮革的需求。经济的每一个组成部分都极其复杂，但交易活动的经济总量非常惊人。需要计数并且引入市场的不仅有绵羊和山羊，还有其他城市居民所需的、来自周边农村的物品：蔬菜、水果、粮食、饲料、燃料、水、建筑木材、建筑茅草，以及黏土、矿石和颜料等原材料。同商品一起进入城市的还有源源不断的移民，即便这些新移民无法享受任何公民权利，只能藏身于城市贫民窟和棚户区中的危险一隅，他们的数量和身份也必须得到统计和承认。

只有当中层管理人员出现之后——这类人在城市出现之前从未存在过——尼普尔一类地方的私人和公共区域才得以维持秩序。尼普尔的管理人员小心翼翼地在泥板上刻字，这些泥板就是城市经济的数据资料和账簿，也记录着工人的工作动向及生产力预期。尼普尔还因是世界上已知最早的城市地图的发源地而闻名，其城市地图自问世距今已有 3000 多年。这张地图显示了城市管道基础设施和最主要的寺庙的位置，寺庙的建设归功于由建筑师和神职人员对团队进行监督的劳动力组织方式。同会计和监事一样，这些管理人员得到的口粮比体力劳动者多，这揭示了脑力劳动相对于体力劳动的价值。这个群体以教育、知识和培训为自己谋生的基础——他们从事脑力劳动而不是体力劳动——他们的出现最终形成了“中产阶级”这样一个全新的社会经济群体。

当然，人们对“中产阶级”这个词有多种看法，许多考古学家都在犹豫要不要使用这个词，因为中产阶级似乎是一个非常现代的概念，至少是在18世纪工业革命爆发、狄更斯小说中的工厂出现之后才诞生的。但我所说的中产阶级更为广义，指的是介于社会顶层和体力劳动者之间的中间消费者和中间生产者。这些人主要是信息专家和中层管理人员，他们是城市新型社会和经济结构中不可或缺的组成部分。正如我们已经看到的那样，城市中不但人口更多，而且各种投资的规模也更大，不管是住宅还是寺庙皆是如此。城市中的综合机制也更多样，从水管和下水道到道路和市场，都需要有人负责监督工人，以实现城市领导者许诺的抽象目标。管理人员对城市新生产空间而言至关重要。在这儿，企业家因为良好地协调了原材料、生产技术和专业工匠而大获成功。

人类学家马克·利希蒂（Mark Liechty）专门研究现代世界中产阶级的实际情况，他指出，中产阶级并不是特定经济体系的产物，也不是现代单一民族国家所特有的。这些接受过教育的人群有着独特的生活方式，即购买特定类型的商品、住房，并且对子女的教育特别上心。即便这些中产阶级没有足够的金钱或其他财富，他们也有很多办法来将自己与体力劳动者区分开来：通过举止习惯、语言模式、特殊发型、穿衣方式，以及表达对音乐、娱乐的喜好。促进中产阶级发展的并不是资本主义，而是利希蒂提出的“可能性条件”。这种“可能性条件”伴随着新的、不断变化的生产和消费模式产生，后者往往囊括有偿的且经过认证的专业雇佣关系。利希蒂认为，在这种情况下，一种中间阶层就形成了，这个阶层利用专业知识同时成为“劳动力的卖家和资本（比如技能、教育和成就）的所有者”。

利希蒂关于中产阶级的观点使我们能够洞悉古代城市和中产阶级这两个彼此不可或缺的要素是如何共同发展的。在城市出现之前，人们只需记录自己家里和储藏室里的东西，只要环顾自己所在的村庄，就能看到哪些东西被移入了当地的寺庙，哪些东西为了举办临时的盛宴而被储存起来。他们依靠家族记忆和口头许诺来追讨债务，并告诫人们不要品行不端。但在城市地区有太多活动、太多新居民、太多机会，这单靠记忆是远远不够的。与之相反，城市里的人发明了新的记录方法，其中，书写尤其具有革命性，因为它不再依赖一个人的记忆力或信誉。一旦事情被记录在泥板、竹条或纸莎草纸上，任何会阅读的人都可以获得这些信息。并不是当所有人都会阅读时书写才有效力，不识字的人可以让别人把信息读给他们听，这样信息就具有了同等的约束力。

无论是手写文本还是印刷文本，书面文件都是事实和数据公正的中间人，无论交易时是否在场，每个人都可以从书面文件中获取信息。书写也是万能的，一旦一个人学会读写，各种各样的信息都能被记录下来。因此，书写的发展使得收据、诉讼、医学和仪式咒语等形式的文本爆炸性地出现也就不足为奇了。这些文本形式固定而精确，可以反复查阅。但书写也需要一种新的思考和规划方式，因为人们必须学会阅读和写作，这一因素反过来又催生了全新的、有学问的人从事的职业，那就是教师和导师。

在古埃及，教育是职业类型的重要组成部分，从埃及第十一王朝的一份名为《行业讽刺录》(*The Satire of the Trades*)的文件中可以看出这一点。这份文件详细描述了4000年前人们从事的多种不同类型的工作，依次描述了每种工作的危险之处和难处。理发师、芦苇切割工、陶工、泥瓦匠、木匠、园丁和鞋匠都相貌丑陋，体力劳动让他们疲惫不堪，而且患有口臭。商人面临着狮子的威胁，铜匠的工作让他们的手指看起来像鳄鱼皮一样粗糙，珠宝商的手臂由于过度劳累而受伤。学生们被警告不要从事任何类型的工作，而例外只有一个，那就是：

> 成为一名抄写员。抄写员皮肤光滑、活计清闲，出门时身着白衣，地位尊贵，朝臣都向他问安。若人们需要寻找可信之人，那人便是抄写员。没有人认识无关紧

要的人，他们只是想找到一位有才能的人。抄写员一步一步地往上爬，直到到达一个与他的才能相称的职位。

这部作品如此受欢迎，以至于人们一遍又一遍地誊写它，它毫无疑问是孩子和家长们的实物教材。书写是教育的标志，是一种实用、博学的技艺，书写对其他地区的社会结构也产生了影响。美索不达米亚的《汉谟拉比法典》（*Code of Hammurabi*）是现代法制史的先驱，体现了法律与政治权力、法律与财产之间的紧密关系。汉谟拉比（Hammurabi）是巴比伦的统治者，这座传说中的城市位于4000年前的幼发拉底河沿岸，现在那儿是伊拉克。和其他许多名姓流传至今的统治者一样，汉谟拉比也很长寿，并以一种毫不羞愧的姿态自封统治权威［法典的石碑顶部显示，这部律法是古巴比伦太阳神沙马什（Shamash）赐予汉谟拉比的］。

在美索不达米亚，写作文化的诞生和年轻人事业心的形成融合得如此紧密，以至于教育家们使用《汉谟拉比法典》来进行写作实践，这导致文本片段散落在中东的大片地区。该练习巧妙地结合了写作的内核和法典的内容，为学生成为公务员和地方法官做准备。在此后的1000年里，人们一直在誊写这部法典，这表明这些镌刻于石板上的法规反映了文化传统。随着中产阶级的重复使用，这些文化传统获得了长久的生命力和广泛的适用性。一代又一代被训练成文员和官僚的学龄儿童内化了法典的实质，后来的统治者仍受到“正版”法典的束缚。在公元前12世纪，也就是距法典最初雕刻500多年之时，伊朗埃兰人中的一位当地统治者把这块石板带到了200英里以东的苏萨，把它和其他来自美索不达米亚的战利品摆在一起，自豪地对外展示。其他关于法典的故事就像考古阴谋论和政治论调一样不可信。最终，这块石板消失在了时间的长河中，直到1901年和1902年之交的冬天，考古学家才在苏萨重新发现了它。这块巨石被一支法国探险队夺去，拖到了巴黎，现藏于卢浮宫的美索不达米亚馆内。作为知识控制的象征，这部法典一直被重复利用直到现代后殖民主义时期，几乎从城市本身出现的时候起，法典就已经融入了城市生活。

《汉谟拉比法典》备受古人和之后几个世纪的法学家的欢迎，它为大众提供了接触法律的平等机会，任何可以阅读或可以让他人为自己阅读的民众都能接触法律。但是，法典最初是为谁而编写的呢？统治者自己当然不需要诉诸法律（毕竟太阳神都站在他那一边），处于社会最低阶层的人也不太需要接触法律，因为他们可能无力负担诉讼所需的律师和法院的费用。虽然如此多的法典副本体现了更民主的司法途径，但该制度的设计事实上更偏袒某些社会经济群体。权利是根据请愿人的社会地位来划分的，不同的人面对法律时可用的资源数量是不同的。如果一个男人想和他的妻子离婚，他必须给她 1 马纳[①]银钱，但如果他是工人，他就只需要给妻子三分之一马纳的钱——因为对工人而言这笔钱占据了薪水更大的比例，会降低他的社会经济地位。同样，惩罚也是根据受害人的情况来分级的，比如“如果一个人打掉了与其同等阶级之人的牙齿，那么这个人的牙齿也应该被打掉；如果一个人打掉了一个工人的牙齿，他只需赔偿三分之一马纳的银钱”。

按照购买力计算，这意味着拥有一定社会和经济地位的人对他们所侵犯的对象只负有金钱上的赔偿义务，而没有道德义务。频发的同等阶层人之间的暴力行为很快就会让一个人掉光牙齿，无穷无尽的财富则意味着可以无休止地虐待社会地位较低的人。即使在今天，拥有一些可自由支配收入的中产阶级也可以利用法律来将自己和其他人区分开来，并将含有道德意味的行为（如流浪、饮酒、乞讨和欠债）定义为犯罪行为，以维护人与人之间不平等的地位。当下层阶级的人要求法律面前人人平等时，他们仍必须服从受过教育的中产阶级法律从业者的干预，这样他们才有争论的机会。

律师知道的越多，客户得到的好处就越大。这一点在财产领域表现得最为明显。正如法律学者蕾切尔·范·克利夫

① 马纳（mana），古巴比伦时期的计量单位。——译者注

（Rachel Van Cleave）所言，财产这样的概念，与“学说和规则”无关，而是与“学说和规则传统意义上所依据的理论、假设、历史和偏见”有关。人们对与实物和有形资产相关的社会行为的期望至今仍在继续，财产被划分为不同的单独领域，反映了不断发展的标准和期望。财产可以被分为不动产、动产和无形资产，比如包含专利权和著作权在内的知识产权。知识产权在许多方面同城市巧妙地紧密联系在一起：承认发明创造的企业家精神，将法律从仅适用于个别行业或手工业团体的个别规则扩展为普遍的行为准则，将构成都市风格的商品品牌化等。“仿制”的概念、仿制品是否合法以及人们对仿制品的看法之所以久久没有定论，不仅因为仿制品以假乱真时难以辨别，还因为惩罚和赔偿金额的计算方法千差万别。

针对全球其他地区的考察表明，基于城市而产生的法律并不只对大都市本身造成影响。在罗马，水利法规对农村产生了溢出效应，加强了乡村和城市之间的联系。历史学家安德鲁·威尔逊（Andrew Wilson）强调了西班牙埃布罗河水利法（*lex rivi Hiberiensis*）的例子。埃布罗河畔的 3 个行政社区共用一条源自埃布罗河的水渠，水渠末端的居民根据取水的份额享有相应的权利和义务。水渠长达 12 英里，若不作此用，本可灌溉数千英亩[①]

① 1 英亩≈40.47 公亩。——编者注

的农田。如《汉谟拉比法典》一样，法律为规范行为和预估期望提供了一种节省时间的捷径，让人无须分别达成合意也能实现合作。书写——以法律的形式——使语言超越了闲聊和建议的层次，发展为一种互动的支架，而这种互动反过来又为社会和经济利益的其他方面提供了保障，维护了对归属感和权利的期待。正如17世纪的法学家胡安·德索罗扎诺·佩雷拉（Juan de Solórzano Pereira）所言，法律就像一只看守这座城市的眼睛。

城市企业家精神

最早的城市居民用自己的语言为我们记录了他们创业的目的。比如，希腊作家狄摩西尼（Demosthenes）就为我们描绘了公元前4世纪雅典中产阶级多样的财产和投资：

> 我的父亲留下了2家工厂，都是规模相当大的企业：第一家工厂有32名或33名铸剑师，每人都值五六百德拉克马[①]……我父亲每年从中获得300德拉克马的净收入；还有20名沙发工匠，他们是4000德拉克马的抵押品，我父亲从中可挣得1200德拉克马而无须支付其他费用。还

① 德拉克马（Drachmas），古希腊货币单位。——译者注

有 1 塔兰同[①]的银子，抵押放贷的年利达 12%，每年总利息超过 700 德拉克马。除此之外，还有用作原料的象牙和铁、价值 8000 德拉克马的用于制造沙发的木材，以及黄金、衣服和我母亲的珠宝……父亲借给苏托斯（Xuthus）一笔 7000 德拉克马的海事贷款，在帕西奥（Pasio）银行里有 2400 德拉克马，在皮拉德斯银行（Pylades）放了 600 德拉克马，在恶魔之子底摩利斯（Demomeles）那儿存了 1600 德拉克马，还有抵押两三百德拉克马的 1 塔兰同银子。

狄摩西尼讲述的这些活动揭示出当时的人们对收入、借贷等经济活动的相互联系已经有了深刻的理解，但这些经济活动涉及的现金数额相对较少。1 德拉克马相当于一名步兵一天的工资，所以，狄摩西尼的父亲投资的数额表明他是一个谨慎的、投资组合多样化的小规模风险投资家。他放贷的目的非常具体，比如用于贸易，并设立多个账户以防范欺诈或银行倒闭的风险。他的放贷对象跨越海陆，并要求有白银和人作为放贷的抵押。

---

① 塔兰同（Talent），古代中东和希腊 - 罗马世界使用的质量单位，实际质量约等于今日的 26 千克。——译者注

古希腊城市的考古记录让我们能够更具体地感受到当时中产阶级忙碌的生活。雅典和其他城市的考古发掘显示了当时的人如何通过多种方式向他人展示自己的中产阶级地位。这里有风格大小各异的房屋，人们购买、使用和丢弃各种各样的消费品，以显示他们的时尚感和对城市的理解。他们使用的精美陶制酒杯和花瓶上装饰着一些受欢迎的场景，大多有关神话、体育赛事和性。这里有适合舒适家居生活的个人护理用品和家具，外出时穿的衣服和在地中海明媚的阳光下闪闪发光的装饰品。人们还花大价钱修建墓碑，在上面刻上对挚爱的逝者的虔诚之言，以显示他们的家族地位。正如人们所说，你不可能把墓碑带在身边，但是引人注目的墓志铭还是不可或缺的。其他东西也有公开可见的标记，比如地基和捐赠品上的名牌（就像今天的博物馆、图书馆或医院的捐赠人可以将自己的名字刻在建筑物上或者铺路石上一样）。和其他任何城市的居民一样，古希腊的城市居民在购买每一件物品、享受每一桩体验时，都面临着一系列不同价格的选择。

选择的概念对经济学家而言是非常亲切的，正如市场营销专家迈克尔·J. 西尔弗斯坦（Michael J. Silverstein）和尼尔·菲斯克（Neil Fiske）在书中所写的那样，他们评估了当代消费者是如何在同一门类以及不同门类的物品和体验中作出选择的。他们的著作《趋优消费：为什么消费者想要购买新的奢侈品》（*Trading Up: Why Consumers Want New Luxury Goods*）考察了人们不断重新进行消费选择的方式。他们指出，当市场营销诱使人们购买某种商品，或者促使人们考虑购买某种特定的商品而不是其他商品时，这次市场营销就是成功的。从告诉人们如何通过正式广告和简单的口头宣传决定应该购买何种潜在商品时，展示地位和追求实用的目的就一直贯穿消费过程的始终。在过去和现在，不管你是为了购买一枚宝石特地去市场讨价还价，还是在路边被流动商贩摆在毯子上的货品所吸引，消费选择和情绪状态在购物过程中都十分重要。消费还有一个令人梦寐以求的层面：人们可能会为了显示自己的财富而购买某件物品，或者会东拼西凑、积攒更多的财富来购买一件能够代表自己或家庭向往的社会经济阶层的商品，以此作为相应的社会地位标志。

对中产阶级以及社会经济地位稍低于中产阶级的人来说，消费的这种理想成分都起到了推波助澜的作用。西尔弗斯坦和菲斯克指出，处于财富链底端的消费者（其他经济学家称之为BOP，也就是“金字塔的底端”）偶尔也会选择更贵的商品。与中产阶级消费者不同的是，低收入群体倾向于只升级一到两类商品的消费水准，作者将这种策略称为“火箭式消费”。西尔弗斯坦和菲斯克关于消费者选择的观点具有强大的解释力。不论在世界何处，不论在哪一个历史时期，人们都会选择在特定类别的商品上花费更多的金钱，并且能够接受削减其他方面的预算。人们甚至谈到了趋优消费。还记得罗马的葡萄酒广告吗？广告宣称，用 1 阿里司就能够买到葡萄酒，但他们也可以在同一家店花上 4 倍的价钱来购买费乐纳斯酒。就像西尔弗斯坦和菲斯克的书中所说的那样，销售能否提升要看你如何去形容商品。那些廉价的东西就只是葡萄酒而已，但支付额外费用就意味着，更精致的不仅仅是酒，还有消费者本人。

在任何古代城市，都有进口的正品和当地制造的仿制品，以便满足人们赶时髦的需求。考古学家在 4000 年前的印度河流域古代半岛城市发现了令人惊叹的红玉髓珠，这需要花费数小时的时间艰苦地钻孔、打磨和抛光才能制成。考古学家也发现了形状类似的红黏土珠子，后者便宜又方便，在短短几分钟内就可以制成。这并不是唯一有对应廉价商品的昂贵装饰品；浅色、昂贵的彩陶珠也有仿制品，就是刷上颜料的烧制皂石。研究印度河流域的学者马克·克诺耶（Mark Kenoyer）敏锐地注意到，使用同样风格的物品有力地展示了社会凝聚力："用不同的原材料复制生产相同形状和风格的商品有助于团结文化和信仰相同的人群，即便他们的财富状况和社会地位不尽相同。"

如果你的收入可观，你可以购买正版商品，但即使你的薪资不高，你也可以买到看起来很像正版商品的东西。对于中产阶级——一种伴随着城市化的发展而出现的经济社会阶层——而言，想要趋优消费越来越多样化的商品，在日常消费旋涡般的轮回中为新风格和生产技术的发展添砖加瓦的话，城市绝对是完美之地。今天，在世界各地，中产阶级仍然是全球主义和世界经济的关键组成部分。商场最能体现这一点，这种富丽堂皇、装有空调的购物中心既展示了商品，也上演着消费行为。从里约热内卢和马尼拉到上海和达拉斯，商场既是购物的场所，也传递了购物信息。当你去商场的时候，你可能会买一两件东西，或者什么都不买，但是当你在商店里闲逛、了解最新的时尚潮流时，你就已经消费了大量的信息了。

当然，在古代没有商场，虽然也有类似于商场的集市，但是集市的经济结构在某些方面与商场非常不同。商场是在一个屋顶下汇集了各种各样的商店，而集市是把多个销售相同商品的商店集中在一起。可能会有珠宝市场、五金市场、蔬菜市场和鞋具市场。虽然商店想要并排竞争而不是通过垄断俘获顾客，这一点看上去有点奇怪，但是集市的构想就是要让顾客在选购时拥有极大的选择空间，确保顾客能够在不同的店主手中找到适合自己的商品。集市也是维系社会联系的场所，一代又一代的店主继承了一代又一代的顾客。商人不只出售人们想买的商品，他们也为了自己能够在社会网络上方便地获取信息并提供信息。

集市的概念仍然存在。不论是大学周边密集的复印店和书店，还是厂商为了获得更高的销量而在城郊建立的汽车商场，选择和竞争者比邻而居，而不是让门店零星地散落在城市各处，都说明专用市场仍为服务特定场所的顾客而存在。农贸市场也是一种集市，在这里有人交谈，也有人换钱，除了水果和蔬菜，这里还有从现成的食物到手工制作的珠宝等一系列商品和服务。人们去农贸市场很少只是为了看一看出售的物品而什么都不买；当你置身这样一个不同寻常、充满节日气氛的地方时，你会不由自主地购买很多东西。就像展览会或狂欢节会诱使我们购买一些日常生活中并不需要的东西（比如巨大的火鸡腿、超大号毛绒玩具和漏斗蛋糕）一样，集市不仅是一个社交场所，还是一个经济场所，它让我们体会到和古代城市居民消费时一样的兴奋之情。

总之，城市化给每个人都带来了好处。如果你是上层社会的精英，你就有更多的机会向同龄人炫耀你所能够购买的新东西，从建筑到物品，再到慷慨的慈善之举。如果你属于低收入人群，你可以在日常生活中“购买”经历，比如你可以在城市街道上穿行，也可以充分利用城市的基础设施。如果你处于社会经济阶层的最底层，你至少能够在城市里找到可以勉强糊口的工作和可以维持生计的住所。如果你是中产阶级，那么你就是所有人中获益最大的。历史上第一次，随着生产、消费和大规模的弃置行为以及人口的扩张，近乎无穷变化的城市提供了大量的机会，通过一些很简单的东西就能够展示社会的流动性和自下而上的社会阶层跃升，比如外带饮料或时髦的饰品，即使只是复制品（谁敢肯定地铁上站在你身边的那个人手腕上的劳力士手表就是真的呢）。

无论是在过去还是现在，城市消费都呈现出一个不断上升的生产周期，这个生产周期由中产阶级创造，为中产阶级服务。在城市出现之前，从宗教仪式到教育再到工艺制作，一切深奥的东西都掌控在首领和祭司这类人手中。传统在当时十分重要，这意味着除非是有号召力的领导提出建议，否则任何创新之举都会迎来人们怀疑和保守的目光。在只有这样一小群人支持创新的情况下，新知识出现和传播的速度缓慢得令人心痛。而在城市，所有这些潜能都能强有力地肆意释放出来，爆发出一个全新的社会经济领域。中产阶级既重视正规教育，也培养新的行为习惯；既追求新的娱乐形式，也参与新型的世俗和宗教仪式；既住在高档的住宅中，也购买新的消费品。他们专注于孩童的教育，以实现和巩固跨代的技能组合。通过书写技能，他们依靠保险和合同等新兴的概念来保障自己适度的投资，保护他们打算留给子女的遗产。

《巫师的衰落》（*The Fall of the Magician*），彼得 · 范德埃登（Pieter van der Heyden），公元 1565 年

第九章　中产阶级的生活：焦虑与风险并存

如果你曾担任过中层管理者，你就会明白，中层管理者所履行的是所有复杂企业最基本的职能，而这恰恰是因为中层管理者被挤在企业工作链的顶端和底端之间。比你级别更高的老板树立崇高的目标和愿景，期望他们含糊不清的指令能转化为切实的成果——而且要快！你不仅要负责解释他们的目标，还要负责组织员工切实完成工作，并且在工作的过程中答复他们的需求。如果你管理的是销售人员，你就会用胡萝卜加大棒的方式来激励他们，以达到目标。如果你管理的是办公室职员，你必须协调好每个人的长处和短处。又或许你需要监督的是基层的员工或原材料供应商，除了他们，你还需要监督一大批的后勤人员：清洁和检修设备的维护人员，包装和运输成品的工作人员，以及跟踪运输和开具发票的会计人员。

员工的类型和公司的规模对你的监管工作并没有多大影响。无论你经营的是高中球场旁边的小吃摊，还是服务于 500 强的公司，你面临的挑战都是一样的。在管理团队的时候，任何令人头疼的事情都有可能出现。招聘员工是一个令人担忧和紧张的过程，这些员工的缺点可能要等到他们在劳动合同上签了字、入职之后才会显现出来。这样一来，他们造成的麻烦也就成了你的麻烦。有时候，在你不知情的情况下，会有一些新人进入你的团队，你必须想办法将他们融入团队当中。当招聘结果不如意的时候，甚至有时当招聘结果太如意的时候，你可能不得不解雇一些员工，这就会给你带来另一种压力。在你为了招聘和解雇下属烦心的时候，你还会面临着其他下属的挑战，从员工旷工和消极工作，到托词诡辩和小偷小摸，再到公司政策突然变化，不论何时，你都必须维护并履行你的管理职责。

但是，这些挑战并不是近来才出现的。我们可以将你的中层管理经历同4000年前美索不达米亚的一位中层管理者作比较，他的名字叫作基布里·达冈（Kibri Dagan），他曾给上司写过这样一段话：

> 我的主人命我先于乌格巴布特的初级女祭司到达马里。可我必须在这里指导工作，我所管理的领域实际上岌岌可危……如果我现在留在这里，我当然可以保证所有员工通力合作。但是，一旦我抛下工作离开，员工将四散而去，无人继续工作，主人的土地也将陷入急需灌溉用水的境地……我不可能离开。

与你现在收到的电子邮件或短信不同，这条备忘录在当时是写在一块泥板上的。但不用在意这一点，因为二者想要传递的情绪是一样的。和基布里·达冈以及其他所有的中层管理者一样，你们的老板都想让你们同时完成两件自相矛盾的事情。

现在，遗留下来的文本给了当时的中层管理者为自己辩护的机会。然而，即便我们没有这些书面文本，我们也能够通过观察建筑和城市规划来体会中层管理者的压力。中层管理者不仅需要应对自己的老板，还要与变化无常的大自然抗争，如今深埋于墨西哥城地下的阿兹特克城市特诺奇提特兰就是一个鲜明的例子。特诺奇提特兰位于世界上最壮观的景观之一——墨西哥中部的高海拔火山喷口的正中央。山脉将水流从四面引入山谷底部的平缓地带，形成了一片散布着湖泊和沼泽的泥沼地。通过几代人的努力，人们来到这些沼泽地带，不断地建设城市，在外围区域发展农耕系统以供应食物，在城市中央建立中心寺庙区。中心寺庙区的核心是主神庙，这座高耸的金字塔建筑中也举行过许多令人恐惧的仪式。据西班牙的记载，我们知道这里曾发生过活人祭祀，阿兹特克的图画书也说明，城市广场的地标就是头骨架。挂在架子上的头颅来自战士和其他献祭的受害者，它们生动地提醒着我们，城市的构造中有时仍交织着密集的暴力。

主神庙——这座烟雾缭绕、威严壮观、令人惊骇的建筑是确实存在的，人们期待每一位新登基的阿兹特克皇帝都能够加高主神庙的高度并为之增添财富。每一次重建，新建筑都会彻底覆盖旧有的结构，这就导致主神庙的结构像是由一层一层的外壳堆砌而成的。就像其他宗教建筑和世俗建筑一样，主神庙也面临着工程方面的现实问题。每次增加更多的结构重量，就必须将额外的支柱和地桩打入地基。但是，过不了多久，在重力的作用下，新扩建的建筑就会开始下沉。这个问题对于那些同样会下沉的现代建筑作品来说定是耳熟能详了［最近的臭名昭著的案例有旧金山的豪华高楼千禧大厦（Millennium Building），这座高楼已经倾斜、下沉了超过16英尺；内华达州拉斯维加斯的曼德勒海湾酒店（the Mandalay Bay hotel）也下沉了同样的高度，因为酒店下面是含水土层］。当我们在空地建设新建筑物时，我们需要解决很多问题，包括土壤质量、基岩状况和地震断层；当我们需要改建旧建筑时，问题就更加复杂了，我们为解决旧问题而进行的改建反而会引发新问题。

就像那些继承了他人创造的建筑环境的现代同行一样，特诺奇提特兰的工程师、建筑师和项目经理也同时承担着几项任务。他们必须提升建筑的高度来彰显皇帝的荣耀，还需要减轻建筑物下沉的问题，并为无法预见的未来做好计划，因为他们知道每一代的建筑都注定要在下一轮修建中被覆盖。在主神庙的建筑工地上，中层管理人员需要同时向上级和负责搬运泥土、石块的工人解释他们目前所受的限制以及面临的发展机会。人们无法预测主神庙会下沉多深，也很难找到导致下沉的确切原因。也许是土壤，也许是地下水，也有可能是附近其他建筑物的地桩或基槽干扰到了不稳定的地基结构。同样，人们也不能预测减缓建筑物下沉的措施是否奏效。这些古代工程师的谈话可以与人们对千禧大厦的担忧相呼应，千禧大厦不仅有建筑物下沉的长期性问题，还面临爆发时间不确定的地震灾害，如地震可能会给地下沉积物带来根本性和灾难性的影响等问题。了解如何修复一栋建筑并不一定会对解决另一栋建筑的问题有所帮助，在谈到将曼德勒海湾酒店的解决方案应用于旧金山时，工程师史蒂文·桑德斯（Steven Sanders）说："沿着同一条路走下去，从历史经验中寻求解决办法可能比较困难。我认为，所谓'我们在这里做成了，你为什么不在那儿也完成一样的事呢'是很困难的，甚至可能会带来危险。"

主神庙及其毗邻广场的中层管理人员处于阿兹特克特诺奇提特兰市古老的"商业区"建筑困境的核心位置，同旧金山一样，特诺奇提特兰的地质状况既受前人建筑决策的约束，也受制于大自然的变幻莫测。工程师和建筑师必须服从皇帝的指示（让它变得更高），同时也要面对现实，完成每天的任务，考量不为人知的长期目标。被提升为管理者之后，他们享有比工人更高的地位，同时也承受着更多令人头疼的问题带来的压力。在余生中，他们肩负重任，需要为自己的决策负责并且承担后果；失败甚至可能在他们死后找上门来，如果灾难降临，事后他们也会被追责。

失败确实会发生。不论是过去还是现在，设计过程中有许多自然条件和文化条件妨碍了人类实现自己的意图，包括地质、地形、地貌、天气、气候和其他自然结构。专家不可能永不犯错，基础设施建设领域的例子说明，面对无法预见或未得到承认的事情的时候，沟通和教育是多么无力。工程建设的挑战不仅体现在高层建筑中，还体现在整个基础设施的建设系统里。美国西部的干旱地区就是一个突出的例子，那里的许多城市都依靠远距离运水运转，其中最显著的例子就是洛杉矶。洛杉矶河的水量能够养活大约 15 万人，但该市目前的人口比这个数字多了 20 倍（横跨 5 个县的大洛杉矶地区的人口则接近 2000 万），城市的用水量远远超过了其自然水资源的供应量。洛杉矶之所以能够维持运转，原因只有一个，那就是名为洛杉矶引水工程的运河网络和管道网络的建立，这是一个始于 1907 年的宏大的工程项目。

富有魅力的威廉·穆赫兰（William Mulholland）是洛杉矶引水项目的主要负责人，他设计的管道网络将水资源从数百英里外的山间引到海滨城市洛杉矶。就供水而言，储水系统同样不可或缺。因此，穆赫兰还在洛杉矶北部郊区建造了一座大坝，美国西部的水资源就是经由这里进入洛杉矶的。圣弗朗西斯水坝横亘在峡谷的两峰之间，水量很快就达到了濒临决堤的地步。不久，在 1928 年 3 月 12 日这个决定命运的夜晚，积水给大坝与易碎的峡谷岩壁之间的连接处施加了过多压力，水坝被冲垮了。120 亿加仑[①]的水由此喷发而出，冲向 50 英里外的大海，沿途的农场和房屋在洪水中毁于一旦。水坝决堤导致数百人不幸身亡。直至今日，这场悲剧仍是加利福尼亚州自 1906 年旧金山大地震以来最严重的“自然”灾难。

古代工程师的情况也好不到哪儿去，他们需要修建的工程非常宏大，超出了人类和材料所能满足的能力范围。对于建筑的考古追踪表明，有些建筑刚开始建造时用采石场的原石打下了坚实的地基，收尾时却只能用些廉价、劣质的砖石了。有时候，整个建筑项目都会付诸东流。世界上有个地方将这样的失败项目保存得最好，那就是埃及。埃及是金字塔之乡，我们最容易想到的是开罗市郊吉萨高原（Giza Plateau）上的那些金字塔，然而埃及的金字塔并不只有这几座。事实上，整个埃及有超过 100 座金字塔，它们的年表显示，金字塔建筑经历了长期的反复试验、试错。第一座金字塔看起来好像一套简单的积

---

① 1 加仑≈3.79 升。——编者注

木，把一块积木放在另一块积木上，就像堆叠起来的鞋盒。由此产生的阶梯形轮廓并没有满足人们的期望，所以下一组金字塔的建造者开始尝试做出一个更平滑的三角形轮廓。他们试验了金字塔侧边的角度，并且随着金字塔高度的增加改变了侧边的角度（结果他们建造出了我们今天所知的曲折的金字塔结构）。

在（当时还未建造大金字塔的）吉萨高原以南约 45 英里处的梅登（Meidum），工程师们尝试了一种不同的策略。他们没有水平地从低到高建造金字塔，而是创造了一种新的建造技术，用一层又一层的墙体围绕金字塔的核心。建造这种结构的工程进展得非常迅速，金字塔变得越来越高，形成了近似圆锥的轮廓。直到有一天，金字塔的整个外壳都裂开了。这一灾难性的失败就发生在一瞬间，也许是在工人们绷紧绳子的时候，也许是工人们在建筑物的阴影下吃饭的时候，又或者是工程师为自己即将取得的成功庆祝的时候，就像穆赫兰一样。刹那间，所有的自得与傲慢都烟消云散了。建筑崩塌产生的光晕如此之大，应该可以从外太空的卫星图像中看到，其视觉效果就像一个生鸡蛋从厨房柜台的高度掉下来一样。

在这片建筑残骸的废墟中，有些石块的尺寸比一个人还要大，它们无言地证明了这儿曾发生过一场灾难性的工程失败，毫无防备的工人丧命于此，建筑项目被彻底放弃（我曾经走进过这座坍塌的金字塔的内部隧道，那时，我不知道这座金字塔是已经彻底瓦解了，还是有可能继续坍塌，让我也成为埃及考古记录中永恒的一部分）。中层管理人员可能是对这次失败最为懊恼的，他们一遍又一遍地问自己，是不是漏掉了一次计算，或者忽视了本应在检查和对话中察觉到的厄运之前的预兆。同样有可能的是，从前的一些建筑工人已经对这座高耸的建筑有所警惕，这座建筑一层叠着一层，就好像一套百万吨的俄罗斯套娃。这之中的一些建筑工人可能尝试过把自己的疑虑告诉中层管理者，但没有成功。而其他人则带着忧惧的心情辞去了这份工作，虽然可能导致工程人手不足，但保住了自己的性命。

中层管理者的家庭生活

即使中层管理者的薪水更高，可能更懂得团队建设，工作成果更出色，但担任中层管理者还是有压力的，而且不只是工作带来的压力。家庭生活也为他们带来了许多不安，尤其是在用工资进行的消费活动的时候。鉴于中产阶级居住的城市里有很多新商品可供购买，一个人应该如何在每一家商店或集市上出现的无数新商品和新款式中作出选择呢？正如经济学家希娜·艾扬格（Sheena Iyengar）所提醒我们的那样，过多的选择导致了一种“消费者麻痹”，我们被选择淹没。过多的选择不仅会占用金钱和时间，也会让我们不得不经受陌生人轻蔑的眼神和家人略带责备的告诫："你买这个做什么？"

收入和支出能力并不是制约决策的唯一因素。伊恩·斯蒂德曼（Ian Steedman）的《消费需要时间》（*Consumption Takes Time*）一书对伴随过多选择出现的时间管理经济学提出了绝妙的见解。他指出，时间是人类生活中唯一不可改变的因素，任何决策的结果都不可避免地与一个事实联系在一起——一天只有 24 个小时。对中产阶级来说，教会自己如何最大限度地利用资源本身就是一项耗费时间的工作（想想，为了寻找所谓"完美"的礼物你耗费了多少时间）。在过去，为购买昂贵的商品而负债与劳动者为维持生计而负债是不同的，今天仍是如此。发薪日贷款、汽车贷款和信用卡、住房贷款面向的就是完全不同的社会经济群体，后者可适用的消费用途数不胜数。具有讽刺意味的是，这些用途还包括合并其他债务。

选择带来的挑战对现代人来说并不新鲜。2000 年前，罗马作家彼特罗纽斯[①] 就已经对选择错误所带来的社交尴尬有了直接的了解。在他的作品《萨蒂里卡》（*The Satyricon*）中，

① 彼特罗纽斯（Petronius），古罗马帝国的诗人和作家，作品有小说《萨蒂里卡》，描写了公元 1 世纪意大利南部半希腊化的城市生活。——译者注

他讲述了特里马尔乔（Trimalchio）的故事。特里马尔乔是一位新贵，他大肆发放请帖，邀请其他人来参加自己的晚宴。特里马尔乔太想给客人留下好印象了，结果适得其反。晚宴开始后，先是一群家仆奉命为每一位到来的客人做足疗。之后在长达数小时的用餐过程中，特里马尔乔盛上了大量稀奇古怪的食物，比如摆在一块草皮上的蜂巢和戴着帽子的烤猪，这些食物都摆放在昂贵的托盘上，由衣着华丽的仆人呈上。除了提供过量的食物和饮料，特里马尔乔还请来一群小丑、说书人和一支管弦乐队来招待客人。这些人挤满了餐厅，每一场表演都比之前的更加精彩。宴会结束时，每位客人都收到了一份离别礼物——香薰按摩。在客人按摩的时候，主人大声朗读自己的遗嘱，以彰显自己的财富和慷慨。

特里马尔乔举办晚宴的方式非常荒谬，足以成为古罗马宾客的笑柄，但这笑声之中可能夹杂着几分紧张。既然海上的贸易往来让人们能够品尝到来自遥远异域（比如像英国和印度那么远的地方）的美食，那么每个人都有可能在菜单和邀请函上做得过火。正如我们曾经经历过的婚礼或生日派对上的尴尬时刻一样，在派对上，主人太过铺张浪费，结果派对反而变成了一场笑话。就算要超支也得恰到好处。古代中产阶级的生活中还充斥着许多需要担忧的事情，而这些担忧在今天看来也是非常常见的。他们升职的速度够快吗？他们如自己希望的那样平衡好了工作和生活，有足够的时间来照顾他人和自己吗？他们是否居住在最好的社区，为孩子选择了最好的学校，为年迈的父母选择了最好的护理？他们辛辛苦苦挣来的钱因疾病或犯罪而损失的风险有多大？

今天，出于对遭受犯罪侵害的恐惧，城市的中产阶级纷纷寻求更安全的飞地，远离市中心这个犯罪行为的温床，不论是通过加大与市中心之间的距离（居住在郊区），还是通过居住在更封闭的小区（比如居住在有警卫守卫的封闭小区，或是有安保人员以及电梯准入限制的高层公寓）。然而，就像几乎所有与城市有关的事情一样，寻找飞地的倾向并不只是一种现代现象，而是在最早的城市中就已经出现了。在美索不达米亚，仪式遗址哥贝克力石阵和城市遗址布拉克之间的对比就非常明显：哥贝克力石阵独具象征意义的装饰和建筑体现出的是紧密的社会联系，而布拉克遗址呈现出的则是城市更黑暗的一面。奥古丝塔·麦克马洪（Augusta McMahon）和她的同事在挖掘郊区的一座坟堆时，挖出了数百具骷髅，其中许多尸体是在被残忍肢解之后扔进了城市边缘的垃圾堆中。许多暴力事件的受害者此前曾受过伤，比如头部受伤和四肢骨折，这表明他们可能是反复遭受虐待的少数族裔或奴隶群体。尽管我们没有如此早期的书面文件，但布拉克遗址的遗骨表明，紧张的种族关系和犯罪现象长期以来一直在城市生活中暗流涌动。

城市显然为更多的新型犯罪提供了空间。犯罪的新机会之所以能够出现，一定程度上是因为经济变得更加复杂，任何经营活动都有更多人参与其中，这让坏人能够藏匿于人群之中。在村庄里，扒手无法长久作案，因为他很快就会被人们发现并被撵出村子。但是在一个有很多社区的城市中，扒手可以在被人们发现之前不断地从一个社区转移到另一个社区。虽然我们通常认为犯罪不是一种专门化的经济活动，但是想要成为一名成功的罪犯也需要计划、消耗精力、以身犯险和巧用策略，这就同任何其他类型的工作一样。犯罪学家评论道，我们可以认为城市犯罪是一种“最佳的觅食方式”，犯罪分子就像四处游荡的狼一样，前往那些对小偷小摸或入室行为威慑最小、回报最高的地区。

其他类型的行为，如乞讨、卖淫和露宿街头，不管它们是否被定义为犯罪行为，都会给城市的中产阶级居民带来困扰。街头生活偶尔也能打动城市居民，使他们觉得街头生活也是城市社会架构中一个迷人的部分，其中就包括在公共广场和地铁隧道里歌唱和弹奏乐器的音乐家。这些城市表演者将乐器盒巧妙地放置在自己面前的地面上，用以收集小费，但是比起当地人，更多给予他们支持的通常是游客。对城里人来说，街头艺人不过是他们通勤道路上的障碍，干扰了日常工作和教育的正常进行。这些所谓的有趣人物还引发了另外一些问题：这些在白天看似无辜的乞丐，到了晚上会变成凶恶的扒手吗？而且，从长远的角度看，街头流浪汉之所以会遭遇不幸，会不会仅仅是因为他突然失去了自己的特权，而这样的遭遇在任何时候、任何人的身上都有可能发生吗？各个城市的中心都以惊人的速度安装了大量的监控设备，这并不令人惊讶。墨西哥城有2万台监控摄像头，首尔有2.7万台监控摄像头，芝加哥有3.2万台监控摄像头。尽管根本不可能有人真的能够看完所有摄像头记录的影像，但是监控相当于现代版的“天眼”，人们相信安装监控并让人看见这些摄像头，可以产生某种威慑效果。

古代城市的居民采取了多种措施来保护自己的安全，这也引起了现代城市居民的共鸣。就像我们的住宅和办公室有门卫和保安守卫一样，被城墙围绕的古老城市的城门口也有用以守卫的平台。在4000年前青铜时代的城市哈拉帕中，各个街区都设有围墙以保护那些商人家庭，他们的住宅和作坊都坐落在这些飞地中。今天，当你走过那些大门时，你很容易就能想象出一群人挥舞着棍子、举着火把，和护卫犬一起维持秩序的场景。在墨西哥中部的特奥蒂华坎古城中，每片住宅区周围都环绕着坚固的、没有窗户的墙，将住宅、寺庙和约200个居住在其中的居民包围起来。墙上只有一处入口和一条走廊，人们只有在小区内部才能通过这条走廊自由穿梭。我们可以想象，看守小区入口的多半是老人，也许他们曾经从事过建造金字塔等市政建筑的工作而现已退休，也许他们是跟随成年子女移居城市的老年农民。手持棍子、嗓音尖利的老爷爷就是理想的守门人，能够把不受欢迎的人挡在门外，也能够密切监视小区内的居民。他同小区内的其他长者轮流值守，每个月有一天或两天，他会像苏格拉底一样盘问每一个途经大门的人。他密切注意着大额消费的买主和频繁出行的可疑人员。当他和他的朋友们坐在一起共饮一壶龙舌兰酒时，这些都会为他们的闲谈增添话题。

当然，除了犯罪，在城市生活还有许多其他的风险，不同社会阶层所承受压力的程度和影响也各不相同。低收入居民生活在城市中地理位置较差的地区，遭受着洪水、寄生虫疾病和歹徒的侵害。而中等收入居民的问题在于需要竞争所需的商品和服务（比如进入顶尖的公立学校），以及可能罹患心脏病和癌症等富贵病。由于中等收入居民获取资源相对容易，他们可以弥补一些不幸的遭遇，比如子女退学造成的经济损失或意外的养老成本。对城市居民来说，城市生活的其他问题主要是机会均等带来的，比如会影响到所有居民的交通状况，无良商人在市场上售卖的掺假食品，以及同样威胁到富人和穷人肺部健康的空气污染。然而，有趣的是，中产阶级面临的问题似乎得到了媒体和政界最高的关注。写作成为推动某些需求得到优先解决的重要力量，我们在古代文献中也见到过这种通过抱怨解决问题的策略。

2000 年前，罗马诗人尤维纳利斯就时常抱怨自己的生活条件。他认为在城市中四处走动却不顺畅也算是城市生活压力的一部分："无论我们走得多快，前面的人总会挡住我们，而后面的人又总是踩到我们的脚后跟。尖尖的手肘撞击我的肋骨，杆子戳中我的身体，我的头被一个笨蛋用一根横梁打中，之后又撞到了一个木桶上。我的腿上满是泥巴，一双大脚踢着我，一只鞋底钉了平头钉的士兵靴正好踩在我的脚趾上。"在古代的美索不达米亚，居民们用楔形文字抱怨自己只能吃到"买来的面包"，而这显然不如家中自制的面包好。然而，多亏人们愿意不厌其烦地把这些事情记录下来，我们才有了一个研究写作、焦虑和中产阶级生活之间关系的视角。那些书写城市生活经历的人所承受的压力和紧张情绪多半没有威胁到他们的生命，尽管这确实给他们增添了一些烦恼，揭示出他们长期处于疲倦和纠结的状态。

除了日常生活中的不确定性因素，中产阶级还担心灾难性的损失会让家庭获取财富的机会戛然而止，比如损失了一货船的货物，或是家中的顶梁柱突然去世。就像法律会在编纂时精确描述犯罪和惩罚一样，另一种在城市发展的书面产物也能够减轻中产阶级的焦虑，那就是保险。保险是一种集体的资源汇集，当不利事件发生的概率能够经数学计算得出时，保险就能够处理个人所面对的风险。今天，保险与银行和信贷密切相关，但保险概念的起源可以追溯到一些有文字记载的最早的城市中心。《汉谟拉比法典》本身不仅涉及行为，也提出了贸易的风险和明确的惩罚条款，起到了总括保险的作用："如果有人将他的船只交给其雇用的船夫，但这名船夫过于粗心，导致沉船事故或船只丢失，那么该名船夫应当赔偿船主一艘船。"其他早期的团体保险行为还有罗马的"殡葬协会"，个人在该协会中进行捐赠，这样他们的家庭成员在死后就能够得到体面的安葬。我们也知道罗马还有海上保险，在这种保险中，大家将资源集中起来以应对地中海地区海上货运业务遇到的危险，商人和托运人可以以平安归来为抵押进行借贷。

保险作为一种共有事业，是建立在对现有情况（例如针对部分类型事故的发生频率、个人的预期寿命或设备的预计使用年限进行的精算统计）和风险状况有一定了解的基础上的。对于任何购买保险的个人而言，这笔支出实际上是一种沉没成本，这同维护成本相类似，都是通过进行适度的投入来避免一场灾难性的损失。然而，就像并非对一件设备进行过维护，这件设备就一定能够使用很长时间一样，不是个人投资购买了保险，就一定会遭受损失、需要得到补偿（反过来说，你真的希望自己遭遇意外事故、入室抢劫，或者不幸英年早逝吗）。那些经营有形财产和固定资产保险的人认为，并非所有个人和家庭最终都会收回他们的投资。因此，保险经纪能够成为有利可图的业务，通过对风险信息和约束条件进行管理，可以获得剩余资金池并对其他行业进行投资。对于那些愿意冒险一试的人来说，这种在风险上叠加风险的做法可以赚取数量可观的利润。

城市道德规范对行为提出的要求是超出具体法律或保险条款的规定的。印度著作《政事论》（*Arthaśāstra*）成书于大约 2000 年前，书中概述了房屋建筑的细节，阐释了何为睦邻友好："一个人应当把他的马车、动物、壁炉、水箱、研磨机和捣碎机放在距离邻居 1 帕达（Pada）或 1 阿拉特尼（Aratni）远的地方（帕达和阿拉特尼是规定的长度单位）。"《政事论》很有趣的一点在于它是一部完全规范性的文件。美索不达米亚和罗马时期有许多用楔形文字书写的法律判决文本留存至今，但是我们还没有见过任何与《政事论》同期的法律裁决或执行文件。可见当时的公民政府还没有发展到对日常生活拥有足够权力的程度，而是依赖道德准则运行，这些道德准则显然是针对大都市生活的，因为在大都市里，人们的房子是聚集在一起的。

然而，与政治当局的反复无常相比，城市环境中强有力的道德准则和法律规范相对稳定。受过教育的人可能成为敌对方政治暴力的对象，就像我们在古玛雅波南帕克（Bonampak）

城的壁画中看到的那样，失败政党一方文士的手指惨遭折断，鲜血淋漓。在这种情况下，历史确实是由胜利者书写的，因为失败者已经丧失了记录历史的能力。然而，即使在政治形势风平浪静的时期，中层管理者和记录人员也面临着业绩的压力。城市要保持一定的收入必须依靠税收和引进贸易，引进贸易是一门精细的生意，需要减免税收、提高薪水和抛出其他诱惑。在罗马，城市管理者必须解决的永恒而又迫切的需求是引进粮食，在这里粮食是免费分发的（同样免费提供的还有娱乐活动，因此出现了“面包和马戏”这样的说法）。由此产生的软硬兼施的手段同样影响着其他行业的人们，从为罗马搜集了足够粮食的地方税吏，到运粮船的船东，再到为沉船损失提供担保的保险代理人。

类似的成本效益分析也曾出现在中世纪时期的印度城市毗伽耶纳伽罗（Vijayanagara），历史学家和考古学家对这个地方进行了广泛的研究。当时生产商群体的创业需求和我们现在十分相似，为了回应这些需求，毗伽耶纳伽罗的管理者下令，只要纺织工人愿意搬到城市中，就为这些纺织工人减免税款。一项针对新定居织工群体的税收减免政策规定，这些纺织工人在 3 年内不需要缴纳织机税。城市管理者了解到新移民对即将到期的税收优惠非常敏感，所以他们永久地废除了新移民的其他税收。向社会上层流动也是纺织工人考量的一部分，通过提供更为醒目的商品得到认可之后，织工们开始寻求世俗和宗教方面的特权。他们用额外的需求来对抗诱惑，一边面对拥挤、污染和更高的生活成本等问题，一边希望能够拥有参与宗教活动的权利和其他特权，从而获得社会认可，分享城市的财富。搬迁到城市中使他们成了中产阶级的一分子，也让他们体会到了交织在城市结构中的生产、消费、焦虑和财富。

和城市中的许多其他东西一样，焦虑本身提供了机会，是中产阶级创业精神和社会动力的润滑剂。我们自己就经受着把一切事情都外包出去的诱惑，从家具清洁和抚养孩子，到今晚餐桌上的食物，但如果我们把这些诱惑都归咎于工业革命，那我们就错了。对于每一种城市焦虑，我们总有一个解决办法，那就是雇用他人去做。担心金钱和税款吗？古代美索不达米亚城市的居民会说："雇用一名会计吧。"担心自己的食物供应吗？雇人承办宴席，或者预订有机蔬菜服务吧！担心自己的孩子无法通过考试顺利升学？雇用一名家庭教师或一位大学申请指导老师吧！担心自己太过于担心？这就是咨询顾问和神职人员的职责了。中产阶级会促使更多的中产阶级专业人士产生，他们每个人都接受过专业领域的培训，并用自己的专业技能来换取其他人的知识成果。这是一个相互关联的网络，古代城市成了人类最早的互联网。和其他许多乍一看似乎对城市生活有害的事物一样，过度焦虑并不是城市生活的缺陷，而是一种设计出来的城市特征。

城市中的焦虑情绪非但不是有害的，反而有助于创造城市独特的流动性。正如米哈里·契克森米哈赖（Mihaly Csikszentmihalyi）所言："当个人面临的挑战与自己的行动能力相匹配时，欢愉便出现在厌倦和焦虑之间的边界上了。"在城市中，成为中产阶级意味着通过提升自己的技能、接受新形式的培训，就能够遇到更换工作的机会（这或许能够解释为什么律师、医生和会计之类的专业人士需要继续进修、换发新证），因为他们用特意加强的"行动能力"应对了新增的挑战。在契克森米哈对城市流动性的讨论中，我们能够感受到中产阶级对待生活和焦虑的方法是非常契合城市生活现实的。在城市出现之前，人们害怕外面的世界，惧怕未知的宇宙，而这种恐惧可以通过朝拜圣地得到安抚。但是城市中的焦虑与对未知事物或不可控事物的恐惧不同，农民的焦虑来自无法改变天气和预先阻止虫害，猎人的焦虑来自只能依靠可悲的巫术呼唤猎物，但城市中的焦虑并非如此。城市中的焦虑来自城市内部，产生于社会，从商品和住房到就业、教育和伴侣，人们面临的选择越来越多，也越来越担忧在众多可选项中经深思熟虑之后作出的选择会带来什么样的后果，城市焦虑由此形成。

即便是像选择主食这样简单的事情也会引发轻微的焦虑。美索不达米亚人抱怨自己不得不吃买来的面包，这揭示了他们拥有多种农村居民无法接触到的消费机会。他们可以购买原料，自己在家里做面包，也可以购买现成的面包。对于一位美索不达米亚的一家之主来说，这可能会带来烦恼，因为他不知道每天应该吃什么，也不确定应该用什么来招待客人（这类似于我们今天纠结出去吃和在家吃哪一种更健康，自己做饭和叫外卖哪一种更划算，购买精致的蛋糕和在家自己烘焙不那么精美的蛋糕哪一种更体现诚意）。要决定是否购买现成的面包，还需要考量一系列关于时间、金钱和清理工作等后续问题。简而言之，对于古代美索不达米亚的城市居民来说，即便只是购买简单的日常必需品都会带来压力，这种现象我们至今仍能感同身受。

古人是否也面临着与中产阶级城市生活方式相关的问题？而这导致他们为如何获得并保持自己在管理阶层中的地位而感到焦虑。考古学家从来没有认真研究过久坐的生活方式对古时的中产阶级产生了怎样的影响，但我们本应关注这个问题。一辈子伏案阅读这些莎草纸文件的生活是否让这些盘腿而坐的抄写员患上了疼痛的关节炎？当一位美索不达米亚的楔形文字专家因过度饮酒而四肢颤抖，无法稳定地握住细芦苇秆在湿粘的土板上镌刻时，他该怎么办？在现代社会用眼镜就能轻易矫正的近视，对古代希望子女接受教育、继承会计或法律事业的父母来说却是一个毁灭性的打击。在古代，成年人患上近视会让全家人一起恐慌，担忧其作为管理人员的职业生涯将惨淡收场，因为每一天他查看账目、监督工人或判断原材料质量的能力都会急剧下降。

在整个古代世界里，中产阶级生活的外围结构远远超出道德准则、法律或保险的范围。基础设施本身就是人类迁居、行动和合法享用资源的模板。街道和运河可以用来运送食物、水和行人，人员的流动让某些群体比其他群体更具优势。在古代城市，水流会首先流向那些收入最高的人。罗马古城发展起来之后，城市对水的需求也在增长，而罗马的水源来自泉水、水井和修建的渡槽。表面上看，罗马的渡槽是为所有城市居民提供日常用水的，但是各类人群对日常用水的定义各不相同，对那些渴望喷泉、花园和其他装饰需求的人来说，他们更多的是为了保持美观，而不是为了满足基本的健康和卫生需求。每一次扩建渡槽，下游的人们都能够从水资源中获益，享受更多的水资源。但是，如果上游的人们意识到，扩建渡槽将夺走他们先前享有的部分资源，他们也有理由提出抗议。我们可以想象，渡槽就像我们现在的高速公路、环形公路和铁路等线性基础设施，它们并非建造于空旷地带，而是设立在已有人居住的地方，那里的居民不得不与资源被大都市掠夺的恐惧作斗争。

道路的设置是使某些社会群体享有特权的另一种表现方

式。夏洛特·莱曼斯基（Charlotte Lemanski）对南非开普敦银树街区和韦斯特莱克街区的研究给我们提供了一个生动的现代例子。这是两个相邻的街区，银树街区绿意盎然环境优雅，独立划分并有人看守，中产阶级居住其中，房屋楼距甚远，在这里，做一个好邻居意味着不要过多地干涉他人。与之相反，韦斯特莱克街区是一个低收入社区，远不及银树街区美观，但社会融合的程度更高。街区中的房屋拥挤不堪，所能享受的道路和学校等基础设施也远不如银树街区。韦斯特莱克街区的局限在于社区内部以及社区与城市其他部分的联系上。它的道路设计迫使居民需要多走一些不必要的路程，而直通的路线往往被障碍挡住了。在社区和最近的杂货店之间有一排铁丝网栅栏，为了购买杂货，居民们终于打通了它。尽管南非的种族隔离历史已正式告一段落，但基础设施对交通造成的阻碍表明，种族隔离在社会中的遗存需要人们每天都去跨越。

不论在古代的罗马、现代的开普敦还是其他任何地方，中产阶级社区与相对不富裕社区之间的隔离不仅是物质上的，也是精神上的。中产阶级的焦虑与其说是害怕无法取得进步——毕竟想要登上社会阶层的顶端太过不切实际，不如说是为了不落于人后。通过法律，中产阶级的焦虑得到了量化，或是通过对行为的精确度量（如财产损失的时间、法定年龄等），或是通过具体的赔偿条例（罚款或协议和解的金额，服劳役或监禁的时间等）。这些行动是建立在中层管理人员体系存在的基础上的，抄写员写下法律条例，文员记录违法行为和惩罚措施，监狱长则执行法律机关的权力，确保罚金得到缴纳，判决得到执行。

公元4世纪的《波伊廷格地图》（*Peutinger Table*）的复制品（公元13世纪）

第十章　城市构成的世界

在长途飞行之后从机场回来的路上，我有时不得不问问自己："我在哪儿？"这里有环形的双向高速公路，庞大的郊区遍布着公寓和换乘车站，到处都是装饰着玻璃外墙的办公楼。我是在班加罗尔（Bangalore），还是在迪拜（Dubai）？也可能是在华盛顿特区？不，其实我在曼谷。你很难决定该把玻璃外墙的建筑安置在哪儿。人们一眼就能看出玻璃外墙的建筑是公司的办公楼，不管楼里的人是负责处理商品、原材料以及煤烟工厂产品的体力劳动者，还是计算机程序员一类的脑力劳动者，大楼看起来都是一样的。虽然建筑肯定会受到民族风格、当地材料和建筑专家意见的影响，但高楼、草坪和停车场都是能够相互替代的。从拉各斯（Lagos）到伦敦，再到内布拉斯加州（Nebraska）的林肯市（Lincoln），不论坐落于何处，连锁酒店的房间总是千篇一律，近乎相同，全球化、网络化的商业中心也是如此。

人们在罗马帝国内的城市间旅行，当他们来到一个新的港口时，也同样会有似曾相识的感觉。恺撒大帝时期，从船的甲板上向外眺望，就会看到一个港口大都市，而这个城市同上一个没有什么不同，让人不禁想要问一问甲板上的水手，以确保作业船只不是在原来的城市外围兜圈子。在海岸上，有一堆一模一样的双耳瓶碎片，旁边又是一模一样的粮食和橄榄油仓库。每个人都说着同样的语言，各种各样常见的建筑勾勒出天空的轮廓，有公共浴室、露天剧场和法庭。在城墙之外的远处，有一条优美的弧线，那是从乡间引水的沟渠。

在任何由共同文化网络构建起来的城市中，人们都会出现这种事后恍然大悟的经历。在印度半岛上，若是新来的游客坐着牛车在路上颠簸，或沿着恒河的一条支流顺流而下，他们会发现不同城市的高大拱门和热闹集市都十分相似。游客可能会问，我是在象城哈斯蒂纳普尔（Hastinapura）吗？还是在卡萨比德里（Kaushambi）？我是在毗舍离（Vaishali）？还是在华氏城（Pataliputra）？在古代中国城市间游历的旅行者难免一时分不清自己是在洛阳还是长安。而在墨西哥和中美洲遍布金字塔的古玛雅穿梭的游客可能也得停下脚步思考这个问题，自己来到的可能是蒂卡尔，可能是亚希哈[①]，也可能是瓦哈克通[②]。

---

① 亚希哈（Yaxha）是位于佩腾盆地地区东北部的中美洲考古遗址，曾是前哥伦布时期玛雅文明的纪念中心和城市。亚希哈是该地区第三大城市。——译者注

② 瓦哈克通（Uaxactun）是玛雅文明的一个古老圣地，位于玛雅低地的佩滕盆地地区。——译者注

如果商人想要沿着摩加迪沙[①]到莫桑比克的海岸线前往东非的斯瓦希里海岸，那么他们必然要通过仔细检查自己的航海图来确认自己的记忆，以确保自己没有无意中错过站，或者在经过某个港口时睡过了头。

全球城市网络将每个独立的大都市都连接到宽带网络中。在任何已知的文化中，当地分布在各处的城市就像公司的内部网络一样相互连接。但是，由于互联网用一张大网将我们所有人都连接在一起，你的公司或机构也会和外部产生联系，包括那些与你的文化相异、种族不同或语言不通的群体。现在，世界上有一半以上的人口居住在城市，不仅人口聚集在城市，财富、知识和专业技能也越来越集中在城市中心。难怪科学家们越来越多地呼吁我们要认识到人类对“人类世”[②]的发展产生了重大的影响，在这个特殊的地质时代中，人类的影响力已经超过了自然本身。

---

① 摩加迪沙（Mogadishu）是非洲东部偏北的印度洋沿岸海港城市，也是索马里第一大城市。——译者注

② 人类世（Anthropocene）又称人新世，是一个尚未被正式认可的地质概念，用以描述地球最晚近的地质年代。人类世并没有准确的开始年份，可能是由18世纪末人类活动对气候及生态系统造成全球性影响开始的。——译者注

现代世界脱离自然？

对城市生活，尤其是对充斥着塑料、内燃机和电缆的城市生活的批评之一，是我们已经完全脱离了大自然。生态学家担心下一代的孩子将被钢筋水泥包围，无法直接体验大自然，而我们也将和其他生物的生存领域逐渐脱离开来。然而，城市中其实有大量的自然资源，环境科学家正在探索如何在城市中孕育新的生态栖息地，且卓有成效。罗伯特·麦克唐纳（Robert McDonald）在他的《保护城市》（*Conservation for Cities*）一书中告诉我们，城市中除了钢筋水泥，还有一个融合了自然世界的“绿色基础设施”。斯蒂芬妮·平塞特（Stephanie Pincetl）和她的同事发现，得益于树木种植和水资源管理等人类行为，洛杉矶新增了很多树木。针对世界各地城市中的动物进行的研究表明，一些动物已经适应了城市生活并且数量激增。

你可能还记得纽约的“比萨鼠”，它冒险叼食比萨的视频在 YouTube 上已经被观看了数百万次，但是你知道大型哺乳动物的数量也在激增吗？在英国，关于赤狐的普查数据显示，这种肉食性动物的活动范围也在扩大，不仅在城市中占据的区域越来越大，而且在越来越多的英国城市中出现。赤狐是非常聪明的动物，而且毫无疑问，它们与美国郊狼一样学会了在城市中生活的技巧。与农村的郊狼相比，城市的郊狼改变了作息，主要在交通最不繁忙的夜间出没。其他城市地区的肉食性动物也很活跃，埃塞俄比亚城市里的鬣狗和印度城市中的豹子会在夜间出来猎捕家畜，并从一堆堆家庭垃圾中寻找食物。

鸟类尤其擅长把城市建筑的三维空间变成自己的领域。野生动物学家约翰·马兹卢夫（John Marzluf）在他的《欢迎来到郊区——鸟类的世界》（*Welcome to Subirdia*）一书中揭示了城市边缘地区是如何吸引鸣禽栖息的。有些鸟类特别容易适应与人类共存的状态，比如蓝头黑鹂，它们成群结队地飞向露天市场和停车场，那里穿行的车辆和行人就像自然世界中的水牛一样，能够扬起对它们来说十分美味的死昆虫。除了蓝头黑鹂，还有许多我们非常熟悉的鸟类也在城市生活得很好，比如鸽子和麻雀，它们同老鼠、松鼠这些哺乳动物一样，是随处可见的城市常客。在纽约、波士顿、多伦多和南非的开普敦等城市，游隼的数量都有所增加，它们把高层建筑当作顶好的峡谷来居住。事实证明，随着人类的认知进化为适应城市网络的出现做好了准备，动物也随人类一起，在城市中为自己调整原先的行为模式找到了新的机会。

大自然始终存活于城市范围内，对我们而言是有好处的。园林景观是街景的一部分，而树木在城市生活中无处不在，或是沿着人行道栽种，或是在大都市中心和宽阔郊区的公园里生长。树木成了一个活生生的、数目不断增长的城市标志，是城市中除建筑物之外唯一能让我们抬头仰望的拔地而起的实体。树木的管辖权限是十分复杂的，有些树木由城市直接管理，有些树木由其所在的个人土地所有者负责。然而，尽管树木的所有权、管理和维护都很复杂，但是普遍而言，树木是“有益的”。受树木与良好治理之间内在联系的启发，世界各地的城市领导人已经启动了植树计划，包括纽约和洛杉矶的“百万植树计划”，“绿色德里计划”以及上海浦东的“城市森林”。如果我们想要真正衡量自然景观对城市环境的重要性，只需要看看《模拟城市》（*SimCity*）和《城市：天际线》（*Cities: Skylines*）这类模拟游戏。无论游戏中的建筑多么具有未来主义色彩，人们预想的城市景观中总会有树木。

自然在城市中不可或缺，这证明，虽然在过去的6000年中，我们都被建筑物、铺好的道路以及城墙所环绕，我们的水和食物的供应都来自远方，但是城市仍是生态系统中不可动摇的一环，即便是与野生动物最不经意的接触也能让我们深思。不久前，当我在阳光明媚的地中海城市尼斯散步时，我看到人行道上有一只巨大的五彩斑斓的虫子，这让我不禁驻足。我并不是唯一一个停下脚步的人，两位上了年纪的女士也注意到了它，并为它出现在这钢筋水泥的建筑之间而惊叹不已。一位女士认为我们必须做点儿什么把它移开，不然它就会丧命于行人足下或车轮之下，她强调说:“它们同我们一样生活！”是的，我们都点头赞同，即便是这些小动物也会谋求生存，并且值得存活。我们环顾四周，看到街对面有一个漂亮的花园，那里的树木和木槿能为这只虫子提供良好的栖身之所。一位女士立刻捧起虫子，穿过街道，把这只小东西藏在树叶里。

即便是蜗牛、蟋蟀、蚂蚁、老鼠、鸽子这类最小的城市动物的活动，也证实了昼夜交替的节奏。死亡不可预测，这支配着每一种陆生生物的生存模式。无论我们与周遭世界的互动多么复杂，人类仍旧是昼夜循环的一部分。就像100万年前的祖先一样，我们仍是昼行的物种，我们的生活与日升日落息息相关。不论是在高层公寓之中，还是在郊区道路的尽头，我们都保留了人类这一物种的习性，在白昼时分离开住所，最为活跃。这种生存模式存在了百万年之久，贯穿狩猎、采集年代以及后来的初级农耕时代，并且一直延续到现在。尽管在过去的150年里，电的出现使人们延长了活动时间，但它并没有从根本上改变我们对“白天”这个概念的认知。

在我们的城市文化中，几乎所有社会、经济和宗教生活都被调整到白天。办公室的工作时间仍然是早上8点到下午5点，从幼儿园往上的大部分正规教育的时间也是如此。家庭结构进一步加强了我们在白天工作的规划，因为孩子和老人一般不在晚上外出走动，所以那些照顾他们的人也希望这段时间内自己都待在家里。我们的娱乐活动也顺应太阳的起落。例如，尽管现在我们有很多收看电视节目的方式，但我们仍然觉得放松和娱乐的黄金时间应该是傍晚时分。我们是那些希望我们回家的人的“现成猎物”，比如电话推销员就会在晚餐到就寝的这段时间内锁定自己的目标客户。

我们主要在白天活动的模式也决定了基础设施的设置条件。城市独有的白领工作的通勤时段保持在早上 6 点到 9 点以及下午4点到7点，这意味着人们总是需要按照“交通高峰期”的概念来调整交通网络，而不是将交通基础设施的时间表平均安排，以为人们每天 24 小时对交通的需求都是稳定不变的。季节性也在我们的城市世界中发挥着重要的作用，风、雨、雪和酷热的高温是每一天的重要组成部分。季节性不仅与天气有关，还包含了不时打断工作、上学周期的宗教节日和世俗节日。就像现代城市一样，古代城市为了容纳新进的移民也不堪重负，在不断地扩张。这些新进入的移民在很短的时间内使城市人口增加了一倍或两倍，给各种基础设施都带来了压力。例如，在 2000 年前的耶路撒冷，农村牧民为了最大限度地扩大自己的市场份额，要赶在主要的季节性假日期间将自己的羊群赶入市场。考古学家们发现，这个经济网络的范围非常广阔。他们最近在古城的城墙外发现了一堆动物骸骨，通过使用一种叫作稳定同位素分析的技术，他们确定了这些动物曾经吃过的植物种类。由此，研究人员发现，其中有些动物是在当地饲养长大的，但其他动物则来自远方的朱迪亚（Judaea）和加利利（Galilee）的沙漠边缘以及贫瘠的岩石之中。

今天，打断我们日常周期的仪式性节假日仍是城市人口季节性流动的主要原因，比如中国的春节，欧洲、美洲的圣诞假期和新年假期，又或者是每年朝圣期间人们会从世界各地飞往麦加（Mecca）、麦地那（Medina）等城市。除了这些节日，还有很多世俗的假期，比如体育赛季或婚礼季，它们同样支配着交通设置的模式，影响着鲜花、机票等商品的价格。政府每年的预算和财政结算周期虽然不是节庆，但也同样是可预测的。由此，我们通过时钟来定义每天的时间，通过工资来定义每月的时间，通过季节和政府大事记来定义每年的时间。我们共同面对的来自生物和气象的限制，是社会和经济生活的一部分，它们永远不会被取代。

这种主要在白天活动的社会生活方式并不是我们从祖先那里继承的唯一的东西。我们也保留并且享受着杂食性的饮食习惯，我们渴望享用各种各样的食物。即使有些人出于社会或宗教的缘故选择限制自己的饮食，或者受限于身体状况而不能吃某些食物，他们也有很多机会尝试新奇的美食，比如清真中餐、素食烧烤、不含乳制品的冰激凌和无麸质面包。有趣的是，几千年来，我们都没有再将任何新的植物纳入饮食范围，而是继续依靠养活了最早的城市居民的玉米、小麦、水稻和大麦来养活自己。真正为我们的饮食方式带来创新的是香料和配料的引进，它们来自世界各地，不断为我们带来全新的、富有创意的菜肴。

我们从我们的城市祖先手中继承了烹饪方面的创造力，也继承了与古代城市相类似的全球贸易体系。古罗马利用广阔的内陆腹地为自己运输、供应地中海周遭的小麦、酒和橄榄，美索不达米亚的城市用辐射状的道路为自己打造牛、绵羊、山羊和小麦的运输网，我们至今仍能在卫星图片上看到这些道路。在印度和中国，古河流是乡村粮船的生命线，这些船载着货物顺流而下，驶向最近的下游大都市。在南美洲的安第斯山脉，人们先把沙丁鱼从海中捕捞上来，然后让美洲驼把沙丁鱼从高山峡谷运送到沿海的平原城市。在古老的墨西哥山谷中，考古挖掘发现了描绘搬运工形象的壁画和古代文本。这些搬运工背着装满玉米的背包，气喘吁吁地奔向高海拔城市特诺奇提特兰，以用这些玉米制作新奇的塔马利饼。

将来，这些全球粮食贸易网络只会继续扩大。每天早餐的羊角面包、午餐的三明治和晚餐的面条背后都隐藏着一个赤裸裸的事实：即便城市的边缘散布着一片片耕地，城市步行可达范围内的空间和水还是远远不足以种植人们所需的食物。虽然今天人们看好城市园林并做了相关的工作，但是大都市内生产的大多是易腐产品，比如新鲜水果、蔬菜和草药，而不是体积较大的食物，比如肉类或土豆、谷物等主要的碳水化合物，这些食物将来也只能继续从更广阔的农村腹地引进。除了主食，多样的食物运输网络满足了我们享用更多样食物的渴望，甚至在普通的杂货店，我们也能够找到来自意大利、澳大利亚和阿根廷的葡萄酒，来自法国和威斯康辛（Wisconsin）的奶酪，以及来自埃塞俄比亚、哥伦比亚（Colombia）和爪哇（Java）的咖啡。

城市网络

无论是现在还是过去，世界上许多地方面临的问题都不仅是“为什么有城市”，还有“为什么有这么多城市”。这个问题起源于美索不达米亚，在那里，城市密密麻麻地分布在底格里斯河和幼发拉底河沿岸。城市的密度很大，如果乘坐慢船旅行，每天晚上都能在一个不同的城市靠岸。在墨西哥和中美洲的玛雅地区，城市密集分布，一个人站在一座城市的金字塔上，能够看到另一座城市的庙宇。在古罗马，特别是在东地中海沿岸，从突尼斯的莱普蒂米努斯到今天土耳其的君士坦丁堡，几十个城市像项链上的珠子一样点缀在海岸线上，这些城市都被人类占据了数百年。它们之间的距离都在一天的航程之内，这些城市的经济功能和社会功能可以互换，语言和风俗习惯也相同，这让任何来自其他临近城市的人都有宾至如归的感觉。地中海的海岸线为各个城市提供了便捷的来往路径，也有很多位于环境更加恶劣之地的城市相互连接，比如北海就将瑞典（Sweden）、挪威（Norway）和丹麦（Denmark）的陆地城市和中世纪斯堪的纳维亚（Scandinavian）城市连接了起来。所有这些布局都与今天横贯州界和地方管辖区的大型城市群有着相似之处，华盛顿 – 费城 – 纽约 – 波士顿走廊贯穿美国的 6 个州，还有德国西北部的莱茵 – 鲁尔（Rhine–Ruhr）大都市区，以及东亚地区激增的城市互联区，比如粤广澳大湾区和京津冀城市群。

城市之间相互联系，我们的祖先也有能力轻易融入不同文化的城市，所以城市成为人类居住地的终极参照，即便我们花了 100 万年的时间才让城市发展成熟。城市是有形的、真实的实体，为我们提供住所、工作并且保护我们。城市相互联络的日常体验，人口的自主流动以及自己缔造现实的感觉，让城市中的每个人每天都能体验到更多事物。城市日常生活互联的现象，以及对陌生人的高度宽容，说明了为什么城市往往比自身所处的国家更自由。比起国家，人们更信任城市，这是因为城市是一个特定的地点。在城市中，人们有多种机会同陌生人交流。得益于双方共同的城市精神，人与人之间不再有陌生感。城市允许人们创造新的、不同的产品和时尚，也对居住于其中的人更加宽容，无论这些人是少数族群、他族难民还是LGBTQ 群体。

在古代的政治世界里，真正的成就并不是那些皇室心血来潮建立的新城市，比如埃及的阿玛纳城（Amarna）就是由法老埃赫那顿（Akhenaten）下令建立的，创始人去世后城市就逐渐消失了。相反，大多数统治者更希望能够占据历史悠久的城市，并夺取这些城市的文化价值。有时，这种渴望体现在扩张帝国领土时征服著名的城市，就像亚历山大大帝征服巴比伦和苏萨一样。有时，统治者通过在著名城市周围增建新城、创造城市绵延不断的图景来实现目标，比如德里内部就有七座城市遗址，这七座城市如此之大，可以说是古代城市生活的遗赠，而当时一些像图格鲁卡巴德这样的原始部落还生活在远离现代大都市的荒野之中。在其他情况下，统治者采取象征性的措施，盗取所征服的城市的标志性物品，将其重新安置在自己的城市中，《汉谟拉比法典》遭窃就是一个例子。14世纪苏丹将军费罗兹·沙赫·图格卢克费［Feroz Shah Tughluq，他还建造了德里七城中的费罗扎巴德（Ferozabad）］将问世2000年之久的石柱从著名的阿育王（Ashoka）管辖的一个城市中搬运了出来。

罗马帝国元首奥古斯都将埃及的一座方尖碑当作战利品运回罗马，这是征服外国领土的有形象征。我们现在重新利用古埃及方尖碑的方式也延续了奥古斯都的做法，这些标志性的尖顶建筑散布在远离其发源地的纽约和巴黎等城市中。公共机构组织也在追根溯源。天主教会本来可以在地中海的任何地方设立总会，把总会设立在古巴勒斯坦或者君士坦丁堡、安条克（Antioch）等某一个东方大城市也更合乎逻辑，因为我们知道在这些地方有过大量的天主教活动。然而，现在的天主教中心梵蒂冈（Vatican）虽坐落于基督诞生地西边的远方，但是它充分利用了其作为古罗马帝国核心传承下来的每一丝气质。

城市生活网络的存在意味着，从一开始，城市就能跨越一定的距离相互支撑。供应网络使人们有能力应对季节的变化，这同你的网购行为相类似。买家可能会从你从未听说过的库房或子库房给你发送货品（但只要你能够收到那件汗衫、那个手提包或是那本绝版书，货品从哪里发货又有什么关系呢）。随着基础设施的建设，家庭也开始有能力应对健康和福利问题，因为这些基础设施改善了饮用水和污水处理的条件，让人们能够接触到更广泛的医疗专业知识，从而医治人群中确实存在的疾病。虽然人口稠密的城市更容易成为发动战争的目标，但它们也更有能力抵御冲突。一些城市用围墙划定明确的边界，而那些没有围墙的城市也有人多势众的优势，在那里，领导者可以召集麾下的中层管理人员和企业家，共同减轻城市被围困带来的挑战。在城市中，强大的领导者来来往往，但他们对大都市（或积极或消极）的影响往往是暂时的，相比之下，成千上万的普通民众为城市协同发展提供的支撑力量才是永久的。

在人类的发展历程中，城市通过构建永久的交流网络，首次从根本上重组了人与环境之间、人与人之间的关系。就像任何一项新技术一样，城市的出现也伴随着损失和风险。作为第一代与互联网共同生活的人，我们或许对这种损失和风险十分熟悉。我们现在已经习惯了不小心看到令人不悦的信息，习惯了使用网络时会面临遭到诈骗和身份被盗用的风险。对于第一批城市居民来说，风险和危险同样容易辨别。在城市中，疾病传播得更快；如果你身处治安不好的社区，遭遇犯罪可能意味着被刺伤、殴打甚至枪击。然而，我们并没有想过要永久离线（至少我们之中的大多数人没有这样想），就像古代的都市居民从未设想过停下城市化的脚步一样。唯一的解决办法就是改进。今天，我们能够通过过滤软件、防范网络犯罪的机构和提升网络安全意识的宣传活动来降低网络带来的风险。就像第一批城市居民一样，我们通过思考什么能让城市变得更好来预防可能产生的负面影响，而这一切都是为了让我们的城市更加美好。

胡安·德索罗扎诺·佩雷拉（Juan de Sol ó rzano Pereira）的雕刻作品，
表示“城墙乃城市之眼”，公元 1653 年

第十一章　之后的6000年

今天，全世界有超过一半的人居住在城市，我们可能为之惊讶，也可能认为我们仿佛迎来了一套全新的文明体系。我们担忧过分集中的人口结构，也忧虑城市人口比例的不断增长是否会导致整个城市体系崩溃。然而，我们其实不必过分忧愁。考古研究表明，在过去，城市人口所占的比例可能比现在还要高！在古美索不达米亚——现大多位于伊朗、叙利亚和土耳其东南部——漫长的城市化过程中，有超过75%的人口居住在城市。如果我们担忧的是过分拥挤、房租过高和无家可归，那么考古研究也能提供一些思路。在古罗马的港口城市奥斯提亚，大约有95%的人居住在商铺、小公寓、合住的公寓套房以及大马路上。

考虑到改进城市使之更美好是发展的必然，要想实现这种改进就需要对本书所强调的三种事物进行投资。其一是基础设施，基础设施有促进社会交流和社会公平的内在能力。古代城市证明，从很久以前开始，人们就在有意识地融合不同的社会群体和民族群体。中国殷墟遗址拥有3000年的历史，荆志淳和其他研究者通过文本和考古遗迹告诉我们，这座城市的“有意且积极地迎合了不同社会、文化群体的需求和喜好……这些人群之前并未生活在一起，有些人可能来自当地的社区，而有些人则来自遥远的地域，说着不同的方言”。特奥蒂华坎周边的瓦哈卡飞地和商人区居住的就是来自墨西哥其他偏远地区的居民。

今天我们知道，种族差异不仅永远不会完全消除，而且能够为增强社区凝聚力和个人认同感提供助力，特别是通过服装、发型、音乐和休闲活动等物质消费，使个人茁壮成长、获得成功。所以，种族完全同化的想法既不切实际又不合逻辑。此外，保留独特的文化传统对所有居民的城市认同感都有着积极的溢出效应。丰富多样的民族特色美食彰显了城市四海一家的本质以及家庭进步和集体共存的发展前景；这些来自不同地区、说着不同语言、立足不同文化背景的人，不仅促进了学校、博物馆等文化机构的建设，也提高了商业增长和经济全球化扩张的效率。

考古迹象也证实，尽管城市有经济、政治和社会等多样化的职能，但宗教建筑仍是城市文化核心的一部分。美索不达米亚的金字型神塔以及特奥蒂华坎和阿兹特克特诺奇提特兰的金字塔对后世影响深远，在之后的城市中涌现出的大教堂、清真寺和佛寺中仍能看到这种影响的遗存，即便是在一些非常世俗化的国家中，这些宗教建筑也扎根在城市中心。这同我们在美索不达米亚最早期城市的发现一样，例如，伍利在乌尔的发掘就明显表明，城市中心的地理位置正是让寺庙得以长久留存的关键因素。当宁迦尔女神神殿的会众数量过于庞大（或者财富积累得过多）以至神殿无法容纳时，即便郊区的地价更低、土地更易购得，人们也没有选择将神殿迁往郊区；与之相反，他们一次又一次地在完全相同的地点重建神殿。如今，从首尔市中心的大教堂，到非洲新兴城市中尚在规划的新教堂，随处可见城市中宗教的繁荣前景。后者有阿克拉（Accra）的新国家大教堂为例，这座教堂设计了一条新的“朝圣之路”，将教堂与政府建筑和独立广场连接起来。

从更世俗的层面考虑，通过在创建建筑环境时纳入社会意识，我们在未来很长一段时间内都能够从世俗的基础设施中收获软效益。人类学家、社会学家和历史学家告诉我们建筑环境是如何塑造城市流动性的，他们的理论基础可以作为工程师和建筑师的知识补充。在进行长期规划时，我们应当考虑到未来会面对的人口变化和社会变化，其中就包括人口老龄化等问题。随着医疗条件的改善和人类寿命的延长，我们需要建设能够主动满足老年人需求的基础设施，从最简单的行动开始，比如通过减少台阶和照亮街道来保障安全。还可以考虑多加一小部分额外成本，设计多功能的基础设施。在美国，《残疾人法案》（*Disabilities Act*，立法初衷是让所有乘坐轮椅的人能够更方便地使用人行道和出入建筑）等法律已经为所有使用车轮的群体提供了帮助，不论是推着婴儿车的父母，还是时间紧迫的送货员。那么，既然学校分布在各个城市，我们为什么不把学校改造成社区中心和锻炼场所呢？

古代城市中所能观察到的第二个现象，就是在城市中总是存在着社会经济阶层。我们所挖掘的每一座城市中的住宅都存在差异，统治者住在宫殿里，商人住在大院里，新进的移民和大量依靠日结工资糊口的低收入人群则住在贫民区的临时住所中。城市生活发展带来的"一切皆有可能"并不意味着阶级不复存在，也不意味着所有人真的都能在自己或子女的有生之年中实现阶级跃升。与此同时，城市的生产制造、看护保洁、设施维护以及其他重要的活动都需要劳动力，这说明如果城市中只有白领等专业工作者，城市的运行就一定会失调，我们所需要做的，是为脑力劳动者和体力劳动者提供足够的薪资，让他们都过上体面的生活。

图什汗（Tushan）古城的故事给我们提供了进一步了解古代城市的好机会，以及不同社会经济地位的人对古代城市的重要性是如何体现的。图什汗位于土耳其，在现在的济亚雷特（Ziyaret）的村庄附近，受强大的亚述帝国（Assyrian Empire）管辖（在公元前1000年，亚述帝国曾统治美索不达米亚）。

对于亚述人来说,《吉尔伽美什史诗》(*The Epic of Gilgamesh*)已经是古时候的事了，就像我们今天看待乔叟[①]一样［我们都知道《坎特伯雷故事集》(*The Canterbury Tales*)是中世纪文学的代表作，但是我们之中又有多少人能够回忆起哪怕其中的一个故事呢］。考古学家已经在济亚雷特进行了超过10年的挖掘工作，试图了解济亚雷特在亚述帝国的城市网络中所处的位置。考古学家们发现了一些易碎的古代楔形文字石碑，上面记载着日常生活的故事，以及一些我们通常认为与历史有关联的事件。其中有一块石碑十分引人注目，这块石碑传达了一位名叫曼努·基·利巴里（Mannu-ki-libbali）的官员的困惑和焦虑。当时，亚述帝国正在瓦解，城市人口纷纷逃离，这位官员却受命组建一支战车部队。考虑到大势已去，这一复杂的要求让他不知所措：

> 马、亚述人、阿拉米语抄写员、指挥官、官员、铜匠、铁匠、器具清洁工、木匠、造弓人、造箭人、织布人、裁衣人、维修工……我应当找谁帮忙呢？在这儿一个人都没有。我要怎么指挥？

---

① 杰弗雷·乔叟（Geoffrey Chaucer），14世纪的英国小说家、诗人。——译者注

值得注意的是，这篇碑文的作者不仅列举了那些有专业技能的人，比如弓匠和铜匠，还列举了那些工作看似不怎么光鲜却同样重要的人——清洁工和维修工。这些人员都由指挥官负责协调，但是指挥官也离开了。由于缺乏中层管理人员和会说多种语言的抄写员，每个人都只能自谋生路。这座石碑以一句悲鸣作结："死亡将要来临！"虽然这块石碑表面上记录了这座城市一时的战败，但实际上，它不只关注了这座城市战时决定命运的瞬间，还揭露了更有趣的观念。作者的悲痛指向了城市生活的核心前提：只有一系列的专业知识融入一个团队中，城市才能生存，行政机构才能运作。

我们从古代世界观察到的第三个现象是，鉴于消费已经成为每一个已知城市的重要组成部分，人们有必要承认并且颂扬消费精神。由于专业化能力的提升以及制造速度的加快能够满足城市居民日益多样化的社会和生理需求，人均购买商品的数量开始增加。人们通过观赏、购买、借用和展示物品来展现自己的现状，表达自己的愿望。人们喜欢购买来自远方的商品，其中有些商品得益于规模经济而价格低廉，另一些商品则是专门为外国市场生产的。这种追求其实古已有之。3000 多年前，迈锡尼青铜时代的新兴城市散布在希腊海岸线上。这些城市从欧洲、北非各地引进了贸易商品，其中有象牙、锡、铜、鸵鸟蛋壳、琥珀和骨螺贝壳，也有一些相当普通的东西，比如用来放灯的黏土墙装托架。考古学家埃里克·克莱因（Eric Cline）苦苦思索，为何古人要引进这些如此不美观的东西。最终他认为，正是这些物品独特的异域情调赋予了它们价值。克莱因把这种现象称为“距离价值”，这种吸引力因素解释了为什么在精英环境和非精英环境中都出现了这种墙装托架。

在1000年之后的古罗马时期，地中海周围的船运能力已经可以负担数量惊人的货物，不仅可以为鉴赏家运送葡萄酒和橄榄，为全罗马人运送足够食用的大量小麦，还可以输送来自印度半岛的一袋袋胡椒。那个时代最受欢迎的商品之一是被称为“西吉拉塔陶器”的富有光泽的红色陶器，这种陶器产于法国中部，每座窑每次都能烧制数万件。就像我们从国外购买的一些便宜商品一样，这些产自古代工厂的物品暗含着人们对距离价值的渴望。它们是纪念品，也是记忆的试金石、情感的护身符和城市家庭之间的馈赠。那么，如果这样做会产生一些额外的垃圾呢？如果笛卡尔（Descartes）今天还活着，他很可能会说：“我扔故我在。”

其他变化

许多古代城市在长期存续的同时，也随着时间的推移而展现出许多变化，这说明城市之所以能够引人注目并取得成功，是因为城市建设从未真正“完工”。无论是基础设施、公园、建筑还是过渡时期的社区，城市总是处在建设的过程中。城市继承了物理更新的概念，这促成了哥贝克力石阵的重建和巨石阵的扩建；城市是活生生的画布，它继承了建筑遗产，又留有大量改变的空间。在特奥蒂华坎，人们不断加高 3 座巨大的金字塔，并对其进行大规模扩建。这种重建并不只是蛮干，羽蛇神金字塔连续进行的修建就是例子。这座宏伟壮观的金字塔落成于死亡大道修建之后，遵循全然不同的美学，金字塔上装饰着一系列艳丽的动物面具。大约一代人的时间之后，反对者当权，将这些超现实的羽蛇神深埋在新的门面之后，使这座建筑的外观与更古老的太阳金字塔和月亮金字塔的风格相统一。大约一百年后，人们几乎全然忘记了这座建筑上曾有过许多吓人的面具，那更像是一次快照，而不是城市中长久留存的现实。我们今天的经历就好像是那些短暂的瞬间，城市的建设工作周转迅速，以至于新来者总觉得自己刚刚错过了什么广受社会热议的事件。

就像特奥蒂华坎巨大而耀眼的羽蛇神雕塑被更温和的建筑外观覆盖了一样，在其他地方，城市的感受力也一次又一次地被重新写入公共建筑中。在古阿兹特克的首都，主神庙是城镇的思想中心和政治中心。国王有义务扩建主神庙，常规的扩建包括加高庙宇和铺设新路，所以每一任国王都对主神庙进行了全面的翻新。在蒂卡尔，对市场遗址的挖掘表明，当时的居民会把地板铺在明显出现下陷的地面上，这就同我们现在修补坑洼的路面一样，只是古人是为了方便步行，而我们是为了方便车行。这些简单的维护工作还包括砖石风格的改进。在公元600年以前，市场的建筑是用扁平的小石块堆砌而成的；而到了7世纪末，流行的风格就变成用近乎小石块两倍大的竖砖砌墙了。人们用那些更大的石砖来修建市集画廊和其他公共建筑，比如寺庙和球场，这营造出了截然不同的建筑环境。克里斯托弗·琼斯（Christopher Jones）认为这种风格的转变与公元8世纪早期一位名叫哈索（Jasaw）的国王的统治有关，这位国王非常幸运，他不仅拥有独到的眼光，而且健康长寿，有足够的时间大规模翻新城市。哈索的建筑工程还包括铺设通往广场的堤道和广场中市集里的堤道，这些都是宏大的城市翻新工程中的一部分，彰显了国王对建筑工程的时刻关注和他的慷慨大方。

奢华而独特的建筑风格一次又一次地出现在城市里，它们通常与一些伟大的统治者联系在一起，比如罗马帝国皇帝奥古斯都、高棉帝国（Angkorian）国王贾亚瓦尔曼七世（Jayavarman VII）和英国维多利亚女王（Queen Victoria）。一个风格独特的时代之所以能够发展起来，并不是因为统治者本身就是一名建筑师或一名工程师，也不是因为统治者深入参与到了建筑的过程之中，而是因为，如果同一位君主能够在相对繁荣的时期长期稳定地执政，他就能够为富有创造力的企业家引入新风格提供支持。权贵们为这种能够在城市中留下自己印记的机会所吸引，而纯粹的消费者，尤其是中产阶级消费者，也开始接受这种新风格。和现在一样，他们不断地审视自己的住所，看看有没有可以改进的地方（有时他们选择的材料都是一模一样的，就像现在，机场卫生间的装置和地面就与私人住宅浴室的装置和地面很相似；考古学家在美索不达米亚也发现了这种公共建筑和普通住宅之间的联系，在美索不达米亚，私人盥洗室的石造工艺风格就同公共建筑物中的一模一样）。这种改造家庭厨卫的概念源于一种改变的动力，在城市领域向家庭内部发展，不断回响。尽管建筑结构和房间都已经足够实用，但我们还是无法控制住自己不去改造它。

城市环境中的建筑材料和设计样式在不断更新。尽管不论身处何处，考古学家们都能够目睹现代社会的例子，但有时，只有当我们远离家乡的时候，我们才会更清晰地看出家乡建筑样式的变化。当我在印度进行研究的时候，我发现当地的当代房屋建筑使用了多种不同的材料，有坚固的石头，也有寿命短暂的竹子和茅草。对于屋主来说，每座房屋都有其独特的优势，比如有的房屋建造简单、成本低廉，有的房屋材质结实，能够在炎热的夏天保持凉爽。同时，每一种类型的建筑也都需要在成本和风险之间作权衡，包括对地震、山体滑坡、洪水和其他自然灾害等可变因素的承受能力。我记得在西素帕勒格勒赫时，有一天，我们正和当地的农民在一起挖掘，一个工人突然大叫起来。他和其他人从挖掘的壕沟里跳了出来，向远处狂奔而去，那里浓烟滚滚，有一所房子着火了。这里的房子只有屋顶是可燃的，因为建筑物的墙壁是由坚实的泥土垒成的。对工人来说，最要紧的任务是，把茅草屋顶中正在燃烧的水稻秸秆扯下来，防止火灾蔓延到存储的粮食、衣物、学校证书以及其他有价值的、能够证明家庭成就却易燃的东西。纵观以往的考古记录，我们能够看到大量火灾、屋顶倒塌和洪水灾害曾经发生的证据。这些灾害让人们有了清理杂物的需要，但正如考古学家格雷戈里·波塞尔（Gregory Possehl）所说，“在清理杂物、重建房屋的过程中，日常生活里令人不悦的事物也被一起抹去了”。

因此，人们之所以谱写这些重建的篇章，并不仅仅是因为想要像特诺奇提特兰建造金字塔或像蒂卡尔翻新集市一样改善风格或提升统治者的形象。建筑商所需要的可能是减少新的风险，或是抓住机会使用新的材料、利用新的技术。对于古罗马人来说，混凝土的发明就是一例，混凝土的发明使人突然有能力建造多层建筑；而对于今天的我们来说，太阳能技术的发展也是一例，太阳能技术让个人住宅不仅有能力助力城市电网，而且能够不依赖城市电网而自力更生、自我恢复。

谈谈“文明崩溃”的说法

古代文明的“崩溃”是一个非常流行的概念。毕竟，如果早期城市的遗存需要靠挖掘才能够取得，那么这些古代城市必然遭遇过灭顶之灾。而且，如果最强盛的古代城市都走向了灭亡，那么我们或许也应该为自己的最终命运感到担忧。然而，我认为人们其实夸大了古代城市生活“崩溃”的情况，毕竟世界上许多最成功的古代城市都留存至今，比如雅典、罗马、伦敦、京都、德里、巴格达、开罗、墨西哥城、里昂、迦太基、马赛、基多、西安、雅加达、伊斯坦布尔、萨马坎、库斯科……而且还远不止这些。历史遗存是这些城市拥有合法城市血统的证明，它们仍伫立于我们祖先脚下的那片土地上。

其他孕育出城市的古代文明可能曾经中断，其中一些城市不复存在，但是城市的理念随着居民的迁徙传播到他处。庞贝古城和赫库兰尼姆古城被火山喷发摧毁，但是在古罗马地中海沿岸的其他地区，仍有很多城市可供幸存者选择。公元9世纪之后，许多玛雅城市解体为数个小乡村，但是城市理念在其他地区仍焕发生机，比如在梅里达（Mérida）和奇琴伊察（Chichén Itzá）的尤卡坦聚居区，人口众多且多元，还保留了建造金字塔的传统，这种状况一直持续到几百年后西班牙人踏上美洲才结束。在印度半岛，恒河平原沿岸的城市遭受地质运动的侵袭，有时是地震，有时是缓慢的地壳隆起，后者导致河床抬高、河流枯竭。此时，人们就会通过贸易网络和朝圣之路去寻找新的居住地。

城市的概念非常强势，不论在亚洲、欧洲、非洲还是南美洲，一旦城市出现，城市的概念就永远不会消亡。有些城市饱受战乱和自然灾害的侵袭，城市居民逐渐四散离开，但城市却作为一种共同的记忆在诗歌和戏剧中得以保存。阿兹特克就将比自己更为古老的城市特奥蒂华坎视作附属城市网中的圣地。正如阿兹特克人出于自己的目的为特奥蒂华坎命名（意为"神灵诞生之地"）一样，后来的西班牙人又将阿兹特克的首府特诺奇提特兰更名为墨西哥城。在罗马与迦太基的3次布匿战争中，罗马宣称要彻底摧毁迦太基的城市。但事实上，罗马人只是接管了这些城市，连城市的名字都没有改。秘鲁的库斯科也沿用了旧名，仿佛秘鲁从印加帝国时期，到遭受西班牙的殖民统治，再到现代国家秘鲁共和国成立之间的政权更替从未发生过一般。

古代世界的城市已成体系，这意味着，虽然个别城市可能会遭受巨大动乱的侵扰，但城市本身很少会彻底消失，即便这座城市真的消失了，附近的其他城市也会接纳涌入的人口。一些城市仍旧拥有天然的优势（如伦敦和巴黎就是沿河而建的）或能够通过新的公共设施再度呈现以往的文化成就，比如天主教会就一直紧抓着罗马不放，以保持自己的宗教权威地位，最终在政治力量中占有了一席之地。在整个地中海地区，城市化现象从 3000 年前城市诞生时开始一直延续至今，从未间断。而在撒哈拉沙漠的另一边，距城市诞生也已经过去了 1000 多年，一直发展成为如今兴旺发达的现代城市。美索不达米亚是最早孕育出城市的地方，那里有最“长寿”的城市，它们之中有许多在上帝创世时就出现了。

考古发现表明，尽管中心城市表面上非常脆弱，但它们的可持续性非常强。城市有能力应对偶尔出现的物资短缺和周期性的战乱，因为交通网络能够为城市输送来自各地的物资［想一想你今天的食品供应，只有当你眯着眼睛仔细看食品上的小标签时，你才知道你买的这个普通品种的苹果是来自新西兰（New Zealand）、比利时（Belgium）还是产自本地］。有些城市诞生于一些自然条件不太理想的地方——美索不达米亚肥沃的新月地带只是其中一个例子。然而，由于通往周边乡村的道路众多，呈扇形铺开，所以任何一个特定城市都可以通过多种方式获得食物、吸引人口和引进原材料。在古代的耶路撒冷，朝圣者对祭祀动物的需求推动了整个内陆地区乃至沙漠边缘地区的经济发展。在西素帕勒格勒赫遗址，我们了解到，即使是如大米这样最基本的食物，也是先在广阔的土地上种植，再沿着与陶器和铁器等耐用品相同的运输道路被送到城市中的。当灾难来袭时——可能是一场持久的旱灾，可能是一场洪水摧毁了农田，也可能是远方爆发了战争——城市居民几乎不会受到影响，因为还有其他的供应区能够填补缺口。

城市一旦出现，即便个别城市丧失了活力或吸引力，人们也很难放弃城市生活。这时候，城市网络就又派上了用场。人们可能会在旅行途中暂时失去联系，或囿于自然灾害而集体失联，但是这并不意味着城市网络就不复存在。恰恰相反，人们会努力让联络尽快恢复。在古代，有很多因居民外迁而使城市遭到抛弃的例子，但是几乎从未有过整个区域的城市集体覆灭的状况。人们从未忘记城市生活，城市也从未丧失过吸引力。有少数地区的城市似乎彻底黯然失色，对于这些地区，我们或许要再看一看，这里所产生的究竟是“城市系统”，还是别的东西。城市崩溃最著名的两个例子是现今位于巴基斯坦和印度西部的青铜时代印度河文明，以及柬埔寨（Cambodia）北部的吴哥地区，它们是典型的遭受灭顶之灾的古代城市。虽然这些遗址的规模绝对与我们认为城市所应有的规模相匹配，但其中仍有一些明显的古怪之处。

当时，虽然印度河文明覆盖的面积比整个埃及文明大20倍，但印度河流域只有四座城市。这些人口的聚居中心相隔太远，无法构成城市网络。由此可见，印度河文明可能是一系列人口千年迁徙的结果，与其说是真正意义上的城市，不如说更像是一个凑巧汇聚了密集人口的长期存在的社区。当哈拉帕和摩亨佐-达罗等城市不再适宜居住的时候（现在认为是地壳上升使城市遭到抛弃），城市居民逃往中亚、伊朗高原，或去往更远的美索不达米亚，之后他们融入了当地的居民群体。就像其他更倾向于融入当地文化的城市移民一样，这些印度河移民也选择放弃自身独特的文化标志，比如印度河印章（或许是因为他们适应了使用楔形文字，比起符号，楔形文字所依托的字母更易于使用）和穿孔罐（在新的城市，人们不使用穿孔罐储存食物，也可能是因为难以寻觅制作穿孔罐所需的原材料）。

想要对吴哥进行进一步研究，我们就必须要对所抱的期望进行技术上和理论上的调整。吴哥坐落在炎热潮湿的柬埔寨北部，定居点广泛分布，建设了大量的寺庙和水道。一眼看去，吴哥似乎是一个精妙的遗迹案例，代表那些脆弱的、遭到抛弃和遗忘的城市。然而，尽管吴哥在与全球其他城市的比较中的确能够展现出独特的意义，但是有两件事可以作为吴哥并非城市崩溃的证明。首先，人们在这里居住了 500 年之久，这并不是一个傲然独立的城市所表露的迹象，也不仅仅是都市化的浮光掠影。其次，只有当我们使用传统的考古方式进行研究时，吴哥看起来才像一个偏远的城市。但事实上，我们被吴哥窟这样从密林中拔地而起、高耸入云的庙宇迷惑了。最近，一项使用了雷达技术的研究显示，在柬埔寨内部有许多与吴哥同期的大型人口聚居地，只是这些聚居地以前未能进入考古学家的视野罢了。而且，在柬埔寨以外的地方，比如东边的泰国、西边的缅甸和南边的印度尼西亚，也有很多城市历经中世纪并且一直延续至现代社会。

所以，城市崩溃很适合电影情节，但几乎不可能成为现实城市区域的最终归宿。如果古代城市并没有真正崩溃，只是简单地转变了城市形式或把居民匆匆转移到另一个大都市避难的话，那么，现代城市在许多居民生活条件很差的情况下仍能发展壮大就并不令人感到稀奇了。这些居民宁愿忍受城市生活的不利之处也要选择留在城市的行为其实是合乎逻辑的，因为当灾难发生时，城市所能够获得的资源是远远大于其他地方的。2017年，美国遭受了三场超强龙卷风的侵袭，受灾的分别是得克萨斯州、佛罗里达州和波多黎各（Puerto Rico）岛。虽然由于持久的潜在影响，波多黎各受到的损害要比另外两个地区严重得多，但是联邦政府对波多黎各的关注显然少于得克萨斯州和佛罗里达州。政治专家认为这种相对的轻视来源于灾难疲怠症候和种族歧视观念。虽然这些因素可能的确产生了一定的影响，但主要原因其实是波多黎各的人口分布非常分散，而且波多黎各的首府圣胡安（San Juan）也比休斯敦市、坦帕市和迈阿密市等受灾的大都市要小得多。大城市之所以能够吸引国家资源，是因为它们已经融入了国家结构之中，城市大到不能倒下。事实上，似乎只有一个办法能够彻底消灭一座现代都市，那就是一场核灾难：乌克兰的切尔诺贝利核事故就是过去千年来唯一彻底摧毁一座城市的案例。

回到过去

几年前我在孟加拉国做考古田野调查的时候，曾经在一个小镇待了一段时间，这个小镇坐落在一条大河的沿岸，这条大河将孟加拉国一分为二。一天晚上，当地的年轻人组织了一场时装秀。他们在小镇的小公园里搭起了明亮的顶篷，年轻的男男女女跟随电子音乐的律动，在T台上来来去去，展示他们最新的服装。这场时装秀似乎和这座保守的小乡镇完全不搭调，当地的市场里也从来没有卖过这样的衣服，更不用说有把这些衣服穿出门的人了。但是，这场时装秀所展示出的不仅是服装本身，更是一种态度和一种城市社交能力。这些年轻人虽然距离城市数百英里之远，但仍旧充分融入了城市文化之中。

如今，城市的力量如此之大，以至于地球上的每一个人都受到了影响，而这也为探究过去提供了参照。那些不住在城市里的人为城市居民种植粮食、为城市工厂提供原材料。当这些人追求时尚时，他们会向城市讨教；当他们强烈、真诚地想要追求新生活时，他们也会将目光投向城市。乡村人的心理状态与城市人截然相反，对于城里人来说，乡村是他们的临时避难所，他们在遥远而风景优美的乡村探险或享受假日（这至少能让他们在回程之前喘口气）。城市之所以具有变革性，一方面是因为城市的景观在建筑上和经济上都独具特色，另一方面是因为城市为个人提供了成长、改变以及提升自我的机会。城市允许各种消费欲望的存在，在城市中，人们可以通过血缘、友谊、工作、休闲和娱乐来行使自己的多重身份。不论在哪个国家，城市都在继续发展。印度城市孟买和新德里预计将在2050年分别拥有近4000万人口，成为世界上最大的城市。然而，在“衰败国家”中，城市也在继续发展：金沙萨（Kinshasa）位于政府机能长期失调的刚果共和国，1960年拥有50万人口，现今拥有1000万人口，预计到2050年将拥有3500万人口。

“国家对城市的发展状况影响不大”这一重要观点对古代城市也适用。虽然我们经常将古代的国家和君权视作组织有序的整体，但这仅仅是古代统治者为了让自己的臣民相信国家的力量而进行的成功的宣传。专制主义者非常善于将自己描绘成一个已经牢牢掌控所有臣民的权威，他们用纪念碑和雕塑来展现自己战胜敌人的传奇姿态，或者用诗歌和历史来颂扬自己的伟大成就。然而，事实上，比起普通居民日常活动所累积起来的作用，即便是最成功的古代领袖对居民日常生活的影响也是有限的。同样，现代世界使城市得以长存，有些城市甚至比自身所属的国家形态延续得更久。让我们以华沙为例，在过去的两个半世纪里，华沙先后从属于波兰立陶宛联邦（Lithuanian Commonwealth）、拿破仑领导的华沙公国（Duchy of Warsaw）、普鲁士（Prussia）、波兰王国（the Kingdom of Poland）、俄罗斯帝国、德国、苏联和今天的波兰共和国（Republic of Poland）。

华沙的顽强程度——以及马六甲（Malacca）、科伦坡（Colombo）、贝鲁特（Beirut）和阿斯马拉（Asmara）等其他经历过不同国家政权的城市——充分说明，从人类创造城市的那一刻起，大都市的核心就是持久。在这本书中，我谈了许多关于布拉克遗址的事情。布拉克遗址坐落在叙利亚尘土飞扬的平原上，它是美索不达米亚城市长期的支柱。但是，布拉克遗址诉说的并不只是第一座城市的故事，更是自此之后每一座曾经存在过的城市的故事。今天，从伦敦、纽约到约翰内斯堡（Johannesburg）和孟买，城市之所以存在，是因为每天都有数以百万计的人作出了决定，他们有意识地在农村生活和城市生活之间做出取舍，通过共同的思想和一致的行动创造城市。因此，我们不仅继承了尘土中布拉克都市首批城市居民的衣钵，还从之后的每一座城市中获得遗赠。我们现代城市的不断发展、革新和振兴也促使人们用考古学的方法对当下进行研究。无论是初来乍到的人，还是长期居住在城市的人，都可以从周围世界的蛛丝马迹中读出城市演变和变革的故事。我希望，当你在探索周围多层次的城市时，考古学的思路能够让你得到启发。当你发现宏伟的建筑似乎不太协调或人行道上出现突兀的缺口时，你会想到或许那里本来有过别的东西。

就像古代遗址一样，对于开放性公共空间和纪念性建筑、私人住宅和公共市场、寺庙和仪式空间、记录体系和管理创新，现代城市自有其模式。这些模式的发展始于6000年前，在相距甚远、年代各异的美索不达米亚、中国、埃及、墨西哥、南美洲和印度半岛中孕育。在人类历史上第一次，但绝不是最后一次，这些在不同文明中创造了城市的先人们建立起连接居民的物质基础设施，以便提供水资源，输送货物和流动人口，构建起污水排放和垃圾处理的新图景。在人类历史上第一次，商品生产和消费的轨迹慷慨地为所有社会阶层的都市人提供了机会，不论贫富，他们都能向社会传达代表自身财力和抱负的复杂信号。在人类历史上第一次，人们通过投身教育和从事间接的生产性职业创造出中产阶级这个阶层，中产阶级用书面语言来管理城市经济结构和政治结构的建设、维护和扩张。

城市空间将人流引到人口密集的区域，这借鉴了很久以前的宗教仪式在特定时间将人群聚集到某一空间中的做法。而城市首创的，是将这种偶尔的拥挤现象变成日常发生的惯例事件，变成一种人类制造出的永久性景象。出于对整合、迁移、互动以及物质展示的原始认知，我们的祖先创造了人类物质空间的终极模板和人类生存的终极网络形态。

城市矗立于此，并且必将永存。

致谢

写这本书是我做过的最有趣的事情。就像任何写作项目一样，这本书引发了一连串的连锁反应，我也有许多想要感谢的人。我衷心感谢所有曾同我一道进行古城挖掘项目的同僚，感谢你们的陪伴与友谊，我们所挖掘过的遗址读起来就好像在罗列异域地点的大纲一般：罗克斯特（Wroxeter）、莱普蒂米努斯、奥斯蒂亚安提卡古城（Ostia Antica）、济亚雷特、莫霍斯坦戈尔、科普托斯（Coptos）以及西素帕勒格勒赫。我还要感谢我过去与现在所有的学生，正是你们的探究精神促使每一个问题都能够得到更好的解答。

追溯早年，我想要感谢已故去的菲利普·巴克（Philip Barker），是他教会了我考古。我也要感谢斯塔福德·贝蒂（Stafford Betty）与已故的米夏埃尔·弗拉赫曼（Michael Flachmann），是他们教会了我写作。我诚挚感谢史密森学会的梅琳达·泽达尔（Melinda Zeder），也要感谢亚利桑那大学好友们的鼓励与指导，尤其是迈克尔·希弗（Michael Schiffer）、杰夫·里德（Jeff Reid）和亚瑟·杰利内克（Arthur Jelinek）；我要感谢我的第一位学术导师